阅读成就思想……

Read to Achieve

The Big
Activity Book for
Anxious People

生活有点烦，
但也很好玩

［美］ 约尔丹·瑞德（Jordan Reid）
艾琳·威廉姆斯（Erin Williams） 著

王 琦 译

中国人民大学出版社
· 北京 ·

图书在版编目（CIP）数据

生活有点烦，但也很好玩 /（美）约尔丹·瑞德
(Jordan Reid)，（美）艾琳·威廉姆斯
(Erin Williams) 著；王琦译. -- 北京 ：中国人民大
学出版社，2021.9
　　ISBN 978-7-300-29750-7

　Ⅰ. ①生… Ⅱ. ①约… ②艾… ③王… Ⅲ. ①心理学
—研究 Ⅳ. ①B84

中国版本图书馆CIP数据核字(2021)第174182号

生活有点烦，但也很好玩

[美]　约尔丹·瑞德（Jordan Reid）
　　艾琳·威廉姆斯（Erin Williams）　　著

王　琦　译

Shenghuo Youdianfan, Danye Hen Haowan

出版发行	中国人民大学出版社		
社　　址	北京中关村大街 31 号	**邮政编码**	100080
电　　话	010-62511242（总编室）		010-62511770（质管部）
	010-82501766（邮购部）		010-62514148（门市部）
	010-62515195（发行公司）		010-62515275（盗版举报）
网　　址	http://www.crup.com.cn		
经　　销	新华书店		
印　　刷	天津中印联印务有限公司		
规　　格	190mm×210mm　24 开本	**版　次**	2021 年 9 月第 1 版
印　　张	7.5　插页 1	**印　次**	2021 年 10 月第 2 次印刷
字　　数	80 000	**定　价**	55.00 元

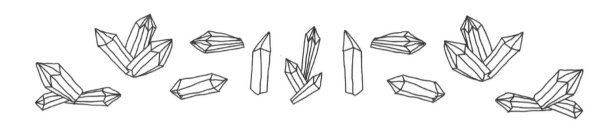

亲爱的焦虑星人，

嗨！

首先，请放松（你很享受有人跟你说放松吧？我们也是！因为真的有用）。你并不是天生注定要过一种忧虑过度且经常失眠的生活。事实上，你非常正常。你知道谁不对劲吗？你看到的那些非常快乐、无忧无虑的人，比如彩虹糖广告里的那些群演，他们才不正常！我们应当面对现实：没人会笑得那么欢，除非他们在用笑隐藏什么——比如重度焦虑。

在这个时代，焦虑只是人人都有的普遍体验：我们生活在存在各种问题的世界——腐败的权力架构、难以启齿的暴力、自然灾害以及你得意扬扬地完成的演讲——那份充满复杂统计数据的演讲，其实仅仅让人发现了塞在你前牙缝中的菠菜叶。当然，你所认识的每个人都会担心他们的牙缝里塞了菠菜叶。这就是心理学。

无论你的焦虑是严重到需要专业帮助（在这种情况下，你还愿意求助，值得庆贺），还是轻微到你仍能安然度过一天，没有崩溃（这种情况，也值得庆贺），这本书简直就是为你准备的。书里有一页页的各种活动，能让你感觉不那么孤单，还能带给你灵感以笑对恐惧，甚至它还帮你想好了，当凌晨三点你清醒无比，还在担心邮件是否抄送给正确的"鲍勃"时，你还能做什么（其实你的收件人应该是对的）。

如果你今天过得不顺，可以试着给第 94 页的安详奶奶涂色；如果你今天过得实在糟糕，请查阅第 105 页中关于如何建立属于自己的地下掩体的详细指南。在你下次坐飞机前，确保你细细看过第 9 页关于飞机的那些令人安心的事实（其实就是让你知道，飞机是超级安全的交通工具）。如果你的指甲和我们的一样，那你一定要花时间看看第 98 页上那些啃指甲的替代方案。

请记住：你有很多同伴。焦虑星人是地球上最好玩、最有趣和最有创造力的一群人。我们深知这一点，因为我们俩也是其中一员，我们是最棒的！

愿你关爱自己，得到安慰。愿你爱上这本书。

约尔丹和艾琳

使用指南

1. 每当你心情不好，就翻翻这本书：比如在早晨用读它取代听新闻（毕竟新闻里总有糟糕的事发生）；午休时，让自己看起来正忙着看书，这样就不用听市场部的罗恩跑来闲聊说他大腿根内侧的肉瘤又长大了；深夜时分，如果你已经试过了脚趾瑜伽、变身床单天使以及其他为失眠症患者推荐的那些活动，也可以再拿起这本书。

2. 这本书大概分为三章，但你完全可以忽略这点，因为本书并不以情节关联性取胜。往后翻，倒着翻，或者随便从哪一页开始都行。生活本身就因种种规则和责任而让人苦恼，那么就把这本书当作另一个极端吧，在这里想怎么着就怎么着，哪怕你只是想把书再送给别人（因为你觉得自己对生活的方方面面都满意，根本不焦虑，你也不知道为什么卡罗觉得这应该是你的神秘圣诞礼物，而你其实只想和其他人一样得到一个 bed bath & beyond 公司的蜡烛而已）。

3. 如果你很享受阅读这本书，请拍下你的各种创意，并在 Instagram 上发给我们吧（@bigactivitybook）！我们想要看到（并给更多人分享）你的灵感！

目录 ▌

焦虑就是我的有氧运动

末日即将来临

焦虑
就是我的
有氧运动

001 这就是我

把你的自画像画在这里 ↑

002 让我更了解你

把得分加总，你就能得到一份科学的焦虑报告。

关系状况

☐ 独身（1分）；

☐ 恋爱中（2分，因为你每天都要回答"什么时候你们才结婚"这样的问题）；

☐ 已婚（3分，因为理论上来说，你现在不得不长达数十年地见证除你之外，另一个人的焦虑）；

☐ 这问题本身就让我紧张——别再问了（4分，然后放下书去睡一小觉，我们这才刚刚开始呢，而听起来你需要在继续之前休息一下）。

现阶段焦虑的原因（选择所有符合情况的项目）

☐ 学业（1分）；

☐ 工作（1分）；

☐ 钱（0分，钱是所有人的痛）；

☐ 关系（0分，原因同上）；

☐ 寄居在我手机上的细菌数量（2分）；

☐ 有人觉得我太焦虑了，需要看看这本书（3分）；

☐ 以上所有，以及其他各种原因（4分）。

与睡眠相关的行为（选择所有符合情况的项目）

☐ ……呃，睡着了（0分，厉害了，你非同凡人）；

☐ 我会在床边放个小本子，写下我要做的事情，就像奥普拉[①]建议的（0分，这不就像睡前给自己拍拍背嘛）；

☐ 试着在床这边躺躺，再换床那边躺躺（1分）；

☐ 试试这种睡姿，再换那种睡姿（1分）；

☐ 细数电子钟上每个数字由多少个荧光绿条组成（2分，小贴士：看石英钟上的秒针跳动，会让人更加满足，但也更难以入睡）；

☐ 盯着天花板看（2分）；

☐ 带着几乎无法抑制的愤怒盯着你平静熟睡的伴侣（3分）；

☐ 什么叫睡觉（4分）？

你最爱的放松方式

☐ 冥想（0分）；

☐ 我没做冥想，我感到内疚（1分）；

☐ "冥想"，意味着想起巧克力酱，然后告诉自己别想，结果想得更多了（1分）；

☐ 冥想做得太好，让自己睡着了（0分，这是一种天赋，你应为此庆贺）；

☐ 强迫性啃指甲（2分，除非你啃的是脚趾头……等一下，啃脚趾算4分，呃）；

☐ 食物（1分，但如果你吃的是尤德尔蛋糕卷[②]，就不算分，而且你还将获得"最佳烘焙品味奖"）；

☐ 重读《钟形罩》[③]（3分）；

---

① 美国著名电视节目主持人奥普拉·温弗瑞。——译者注

② 尤德尔蛋糕卷（Yodels），美国蛋糕品牌，形态与口感类似瑞士卷。——译者注

③ 《钟形罩》(*The Bell Jar*)是美国"自白派"著名女诗人西尔维娅·普拉斯（Sylvia Plath）在其自杀前三周发表的自传体小说。——译者注

☐ 吃着比萨饼，看着心理学书，宅在家里，埋首其中（4分）。

你对社交场合感觉如何

☐ 聚会有什么是令人不开心的呢？！朋友！家人！好玩！啊……（扣5分）；

☐ 我会为了吃到乡村调味酱去参加聚会（1分）；

☐ 派对听起来是不错，可一旦要和人互动，我就会突发嗜睡症（2分）；

☐ 如果主人有狗，那我还能撑过去（3分）；

☐ 哪怕给我新型抗抑郁药[1]，我也不去（4分）。

个人焦虑画像

0～10分：菜鸟级担忧者。你可能是那种一边听着鲍勃·马利（Bob Marley）[2]的歌，一边吃着马卡龙，尽情享受美味的人。你可真不错，哼！

10～20分：中度担忧者。你或许应该放松一点，还好，你还没有到被人说"放松一点"就要炸毛的程度。

20～30分：专家级担忧者。你擅长在凌晨四点时在"自查症状"网站搜索症状，并擅长体验存在的痛苦。

30～40分：名副其实的担忧支配者。你坚信担忧是上帝或进化给我们的一种工具，为了帮助我们不被大型猫科动物吃掉。任何人如果想把你的焦虑赶走，就先得撬开你僵死的、冰凉的手。你会喜欢这本书的。

---

① 原文是来士普（Lexapro），通用名"草酸艾斯西肽普兰"，是丹麦灵北公司生产的一种新型抗抑郁药，对重度抑郁效果好。——译者注

② 雷鬼音乐鼻祖。——译者注

003 Top5 排名：
什么是你最强烈且毫无道理的恐惧

被狼群给吃了

考试得 B+

碰到持斧行凶者

手机电量只剩 10%

1. _____

2. _____

3. _____

4. _____

5. _____

004 词语自由联想

当你看到以下词语，请把你脑海里蹦出的第一个词写下来。

最近热点：_____

婴儿：_____

摄影工作室：_____

龙舌兰酒：_____

手工艺：_____

意见领袖：_____

迪士尼冰上世界：_____

骗子：_____

有机的：_____

美国职业摔跤联赛：_____

社区小剧场：_____

脱口秀：_____

政治：_____

夜班兼职：_____

开放式楼层平面图：_____

蜂巢思维：_____

未来：_____

小雏鸟：_____

随手记

做这个练习，让我感觉：_____

显然，我需要一点更多的：_____

005 那些和飞机有关 又令人安心的事实

如果你现在并没有住在加勒比海岛上——你肯定没有，因为如果你住在那儿，你就不会看这本专门写给焦虑星人的解压书了，你或许偶尔会发现自己想要去一个比你现在生活的城市更好的地方。不幸的是，要去那儿，你就得被密封在一个金属管道里，和很多人在一起，那里有人咳嗽，有婴儿在啼哭，还有一个名叫罗德的人坐在你旁边，想要跟你谈谈他正在写的电影剧本。

幸运的是，碰见罗德这类人或许就是你在旅途中遇到的最糟糕的事了，因为虽然飞机的两翼看起来弱不禁风，它们真被折断的可能性为零。

以下事实会让你下一次在登机前感到心悸时，感觉好一些。

- 事实上，民用航空是世界上最安全的一种交通工具。

- 飞机上通常配有电视，而电视里通常有卡通片可看。

- 绝大多数飞行员都没有喝醉。

- 飞机上有免费食物，前提是你认为一袋装着 10 颗杏仁的玩意儿也能算作食物的话。

- 不知为啥，飞机上的番茄汁就是好喝。
- 坐飞机死亡的概率是三千万分之一。你被飞机上的食物毒死或噎死的概率都比坐飞机本身来得大。
- 飞机上的门，类似于浴缸塞，也就是说它们比洞口本身要大——这意味着它们永远不能从外面被拉开，而飞行时的机舱内压使门也不可能在从里面被拉开。哪怕有人飞到一半想要练习跳伞技能，他也跳不出去。
- 降噪耳机真的可以隔绝噪声。
- 气流颠簸带来的最糟结果就是咖啡洒了。
- 当你走向卫生间，你可以欣赏到一排排座椅上睡着的人们嘴巴就那么张着（不管看多少次都很好笑）。
- 或许还能遇到某位妈妈因为宝宝哭泣，送给每人一份小礼物。
- 出现飞机事故时，有 96% 的人都生还了。

006 如何应对：
当你和朋友一起吃晚餐，
你只点了份沙拉，
而这时有人建议大家"平摊"账单

只要你没有社交焦虑，和朋友一起出去是超好玩的。但如果你有社交焦虑，你可以直接跳过本页，因为大概率你会选择宅在家里。

出去玩固然好，但不那么好玩的是：当账单送来，你的朋友都赞成"哦，我们平摊吧"（他们都比你有钱，每人都喝了三杯每杯 100 元的马天尼酒，而你除了喝白开水，只吃了焉瘪瘪的芝麻菜）。

发生这种事，怎么办

抱怨没钱

抱怨你的房租。抱怨你交的税。抱怨工资。最终某个人为了让你闭嘴，会帮你付钱的。

假装呛到

如果食客吃饭时差点呛死了，饭馆一般不会再让客人付账，所以你或许就能免费吃顿霸王餐。注意，别真把自己呛死了。

你不是刚收到薇薇姨妈的要紧短信吗

假装你收到一条你姨妈的紧急短信。你甚至都不知道你有这样一个长辈！好奇怪，你得查查看（注意：如果你立刻不辞而别，能达到最佳效果）。

面对它

认清现实。既然知道你终将要为其他人点的 200 元一份的开胃酱鸭买单，那就一口气把桌上的好吃的都吃个精光。

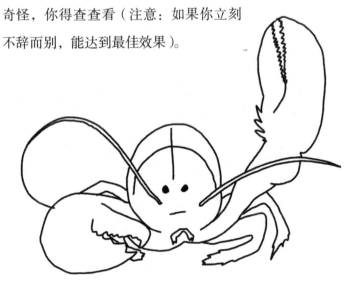

007 半夜三更，你还在想什么

1. 助学贷款产生的数额巨大的利息，以及多少岁前你需要把贷款还清。

2. 想到卡罗在咖啡壶旁咳嗽的样子，而你现在嗓子眼儿也觉得痒痒。挨千刀的卡罗。

3. 熟肉买回来多少天后还能吃？

4. 如果你吃的是过期的熟肉，会有什么后果吗？

5. 假如此刻你立马就能入睡，那就还能再睡上四小时的觉。大脑，请立刻去睡觉（对着大脑如此尖叫，让它立刻停止工作，是"超成功"的策略）。

6. 时间的流逝令人痛苦，并最终带来了你的死亡，以及你爱的每一个人的死亡。

7. 你的护照过期了吗？或许是的。你应该起来去看看。

8. 前门关了吗？如果没关，会不会有一个连环杀手此刻正站在你的起居室里，欣赏着面包刀和你脱在沙发上的内衣。

9. 床上有臭虫。

008 你可以用以下汉字组合出多少个新单词

过度思考

请用短语"过度思考"中的至少两个字组成新短语。

考试过多 _____   _____

度过一生 _____   _____

_____   _____

_____   _____

_____   _____

_____   _____

_____   _____

009 你曾经在意的那些事

还记得当年生活简单，不用总担心寿命在一天天减少的日子吗？那些日子多美好。

让我们一起漫步于记忆长廊，走过那些你曾经在意，却又早已置之脑后的事。

崭新的作文本（BRAND-NEW COMPOSITION NOTEBOOK）

崭新的录音机（COOL NEW RECORDER）

象征友谊的手镯（FRIENDSHIP BRACELETS）

好看的笔（LE PENS）

长到可以骑车的高度（BEING TALL ENOUGH FOR THE RIDE）

可以晚睡熬夜（GETTING TO STAY UP LATE）

学会一个素描技巧（ETCH A SKETCH SKILLS）

好看又好吃的小点心（LITTLE DEBBIES）

谁能第一个到达终点（WHO GOT THERE FIRST）

现在轮到谁（WHOSE TURN IT IS NOW）

儿童餐送的玩具（HAPPY MEAL TOYS）

大块硬糖（GOBSTOPPERS）

下雪（SNOW）

特别擅长黑话游戏（BEING AWESOME AT PIG LATIN）

什么时候播放《兔宝宝历险记》（WHAT TIME TINY TOON ADVENTURES IS ON）

最喜欢的那只紫色蜡笔（FAVORITE PURPLE CRAYON）

凯瑞是不是还喜欢你（IF CARRIE STILL LIKES YOU）

中午吃什么（WHAT'S FOR LUNCH）

任何事都手写下来（ANALOG ANYTHING）

彩色粉笔（COLORED CHALK）

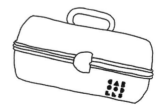

情人节卡片（VALENTINE'S DAY CARDS）

父母的批准（YOUR PARENTS' APPROVAL）

父母的面子（YOUR PARENTS' PRIDE）

父母的意见（YOUR PARENTS' OPINION）

老师的批准（YOUR TEACHER'S APPROVAL）

老师的面子（YOUR TEACHER'S PRIDE）

老师的意见（YOUR TEACHER'S OPINION）

任何人的意见（ANYONE'S OPINION）

课间休息（RECESS）

在下面的字母表里找到你曾经在意的那些事吧！

```
G F K A V N H C J W X U C I G S S B Y N P N B M B G K C G I B X D F C B Y W B R
N Z R H A P P Y M E A L T O Y S S O H P G E M E D Q D R F V T F C X O R H P R N
S O V I E K L V G H M Q B Z X Q U E U A G L I A S I U F N N X I D P L N D X A T
S X S X E E M M C C M S H L Z R G Z C U X N W F B Q J O C O W W G K O S K Q N K
J D T I B N A A N S T P E P P W Y Z W E G D A A Y T Y D F I B X Z Z R M B W D S
J A R A S I D R B O H N F A L L S Q F Z T R N X A O Z P Q Q Y K L I D M I R E F
M W X A N N H S P H K B R X U F E I A R I R M M R G X Y V I R W L I D M I R E F
G D M D C K O P H K O E L V C S P L U H E E N C Z T A N O N F Q F U C D W U W G
I N V B Q Y E O U I N T N I T A L G I P T A E M O S E W A G N I E B H Z F H C E
W N I R D R A S T T P G D K M E R Y Y H B L L L T Y F H I H H U M X A L V G O T
A H V H S N W G D Z J B P G W E N I P O S R E H C A E T R U O Y L S Z K M T
Y O O Z T E Q A S Y N Y R O G B A V Q R W Y I F S S B D R Z T W H C K V R G P I
M S D G U Y P N W E W I U A Y A R W U A O Y T O L Q G T D I C S W J K L T X O N
R E H G O P N V O Y N G T J C Q V P D W N F J L N E U Y Q I A V E M K F K Q S G
J G W Z R T S A M P H I S E A E E H J D S S I J O V O V N P E Y D E Q D X W I T
T K G O O P T H G F W G T C M T L H M Y B K S N I O Y A B K W S X Q G W V Y T O
H A V W M R B H O O K C M N I I Z E O D S C F O N C S F J H H K S O T B Z H I S
D A O N X E P R E H L C F R E G T S T H F D D I I P E W W J O O L D J E B M O T
L C Z S J D T E P R N A O G D L E T C S B K H N P D K X H R S H Y H F S Y Q N A
E B L T L H T A H T H A E T A O D V Q I O I I X J A E Y F F W P Z B N Y
I O G U E T P N F W A F H A B K E V X H Y V Z P S A L R Q L T Y W L J R Q L O U
M B N R Z M L L F F M S I B X K B E F Y W P W O E I L N P Z U S X X C W M W T P
O P I Y O U R T E A C H E R S A P P R O V A L S N B L H F F R S F Z J G F U E L
I D L V X J M O K Y M D L A S F J H I Y H F O T O M I C Y J N K U O V Z V U B A
E H O O N M V I P I E K H L W T Y R B Q D T M N Y Z T V V Z I J A H R W D R O T
S R S F K V W H A L P C W T R O D F W W Z L Z E N G S R C F S E M F K L O W O E
S K H N J T O G T W T E N V U D V J Z W M L Z R A I E Y T E I O Z Q X Q U G K R
Q F N Z I J J T Q E E U S R I I W Y I F N G V A U X I A D H T L Q Q Y H P N N K
V O E W L D I O U S K V P X R B N D R K G V P F I R G Y T N O M W M Z O S C B
G Y E B F L M V U N H A E F U B P I Q D V Q E R L F R V U F O A Y A H A N R H H
Y O U R T E A C H E R S P R I D E H F N L G K U S I A C M B W F H T W E L G Q A
J K V Z Z J Z M X X E M V T K O J Z E V X T B V O F W C R K M F L D Q J P A Z N P
R I S O M C B E N E R S N E P E L K U N K J S Y I F Y A S H A S I T H Y L K D H B S Z Q T Q
J A L Z B B W T Z G C J Z E B R Y T A X Y A S H A S I T H Y L K D H B S Z Q T Q
J I J I Z N S Y D H U Y G X H B Y Y N R M I I R E D R O C E R W E N L O O C L T
C V B Z L P C S Y A Y M R A S D D M B C N V M M R V R T N L J H H J I K G O O O
Y Y S R J T X L E H N M K C W V J I G S H O G E L N I N V Q Q D F T O W X J Y I Y B
O N N I E A I A W L Z C N C G X H I C X F B T R W O E D T L F B W S S S Q E F Y D U
L C D G U T V P M U N E U S K T S I R Z F O Z F G L K C Q Z E B L U E B S M V
X E U N F Q O T B W U P H X K P S R P C Q A L C H J N O C O F V J W P J A G I P
```

010 你不想收到的那些信件

偶尔，一张支票会静静躺在你的信箱里，让你感叹道："噢，我收到新信了，多有趣啊！"但转天，收信又变成了最糟糕的事，因为信件可能是欠款通知单。最好的解决办法就是让它永远躺在信箱中，让它被越积越多的各种打折优惠券埋掉。

- 你所租房间前任房客的信件。你要么像个老好人一样再给他们寄过去（别忘了要倒贴邮票还有信封），要么直接扔了，但这样你就违反了联邦法律，并把自己置于内心煎熬的内疚中（嗯，内疚时间可能只是从邮箱走到垃圾桶那么短，但也是内疚啊）。

- 任何从你母校来的信。尤其是当他们找你要捐款（呵呵）或者邀请你去参加返校聚会时，在聚会上你将听到你的同龄人毕业后这几年是如何努力奋斗，成为埃隆·马斯克这样的人的。

- 感恩卡片。任何写感恩卡的人其实仅仅是想通过邮递员，传送他们的自以为是和优越感。一张感恩卡对你人生的唯一影响就是强迫你去考虑到底你需要花多长时间盯着这张卡片看。

- 小于 20 元的账单。你需要花费你短暂人生中那宝贵的几分钟去写一张超小额支票，找一个信封，再找张邮票，最后还忘了把它寄走（然后就会产生滞纳金，这样新账单就会超过 20 元了)。

- 《纽约客》。你只会读上六页，迅速翻过那些漫画，然后把它堆在你公寓墙角的那一堆杂志上，其中任何一本你都不可能再读，除非有一天你被居家监禁。

- 当你还是单身时收到的结婚请柬。

- 旅行结婚请柬，邀请你去新泽西州这样不太美的地方。

011 坚持在一整天的工作中都不说抱歉

避免以下事情：

- 在进门时刚好与出来的人撞个正着！
- 睡过了头！
- 发邮件忘记选秘密抄送！
- 错拿了卡罗从家带来自用的咖啡伴侣！
- 在自己主持的会议上迟到！

入口

出口

012 关于变老的有趣事实

当然了，你再也不能酣睡到日上三竿了（为什么不行？），而你的上臂也越来越像奶奶当年那样松弛，但变老也有加分项……

- 疼痛塑造性格。尤其是背痛，还有膝盖痛。
- 你经历过短视频一类的软件的兴盛和衰落，所以你知道不用花时间去学那些热门的新软件，等到软件的大部分使用者年龄超过 30 岁时再学也不迟。
- 你可以学钩针编织，再没人会笑话你了。
- 你可以在公共场合冷不丁地呐喊："苍天啊！对一个偷走我所有钱的人，我还能做什么？！"周围的路人则会视若无睹，继续赶路。
- 你可以把对他人的想法直言不讳地说出来，即便你认为他们是最差劲的人，他们听了又能怎样，敢打你？
- 晚上十点还在聚会是个很愚蠢的决定。
- 理论上说，你有了更多的钱，虽然同样从理论上说，你也要为更多的糟心事花钱（请把注意力放在有更多钱的部分）。
- 尝试记住词就像是在玩游戏！

- 你不用再去畅想你的人生将会如何展开，现在你只用去想如果当初你做了更好的选择，你的人生会如何不同。
- 当你看到自己的父母时，会感到同情，而不再是愤怒。
- 你意识到原来大人就是大号版的小孩。
- 你意识到谁也逃不掉这个循环。
- 当不再在乎酷不酷时，真好。

013 人人都见过的五种公路混蛋

有时候，这些混蛋觉得自己应该上路，带着他们的流氓劲儿，配上近 2000 千克的大铁块儿来给别人造成巨大影响。

1. 认为自己边开车边抽烟很酷的混蛋。

2. 认为在高峰时段，不停窜道能开得更快的混蛋。

3. 把车开得飞快的混蛋。

4. 开车总挡别人道的混蛋。

5. 自以为聪明，实则让人难以忍受的混蛋。

014 公众演讲

一张示意图

  面对满屋瞪着眼期待我们发表精彩演说的人，我们的身体会有一个清晰的行动计划，其中包括上厕所。

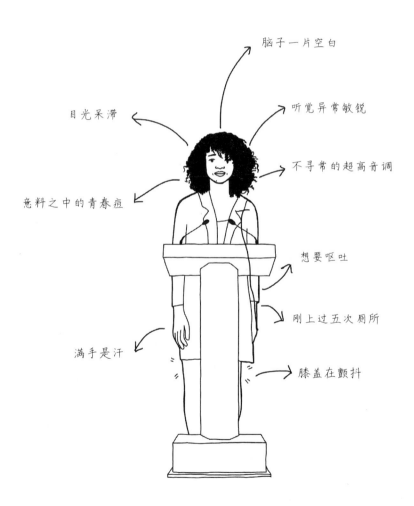

脑子一片空白

听觉异常敏锐

目光呆滞

不寻常的超高音调

意料之中的青春痘

想要呕吐

刚上过五次厕所

满手是汗

膝盖在颤抖

一些或许会有用的技巧

承认你有多紧张

75% 的美国人都会因公众演讲而焦虑。事实上，调查显示，有的人会觉得这比死亡还可怕。将你的害怕放到台面上，就会让它失去威慑力。

与观众们互动

问他们问题，并让他们成为你演讲的一部分，这会让所有参与者都感到更加舒服（也会让你觉得自己是一个善于互动和表达的演讲者）。

脚踩大地，让体重均匀分布在两脚间

这是让演讲者看起来更加自信和放松的老办法，它的确会让你感觉更加自信和放松。

想象自己正站在山巅，双手举过头顶，以示胜利。你令人惊叹！你超级聪明！每个人都觉得你就是最棒的！

或者想象这群人都没穿衣服，总之，怎么奏效怎么来。

请记住，听众里 80% 的人或许正在发短信，吐槽昨晚的相亲失败，或者在走神想今天熟食店会不会卖鸡蛋沙拉。

注：根据《华尔街日报》，那些对公众演讲最容易感到焦虑的人也是最在乎自己事业的人。或许这条信息本身不会对你有所帮助，但知道这一点也不错啊。

酷酷的

015 治疗时间到
（一张小抄，帮你找到适合的专业服务）

说到焦虑，如果你问："我该寻求帮助吗？"那答案总是："你当然应该求助。"如果谁因你寻求帮助，而说了什么不好的话，请记得不是你有问题，而是那个人太差劲。

在任何时候都要记住，所有的疗法都有其独特之处，这一点很重要。选择最适合你个性的方式就好。

精神分析

发现你潜意识里的驱动力，释放你被压抑的感觉，尤其是有关性的。如果你喜欢躺下，一边说话，一边盯着天花板，这种疗法或许比较适合你。

艺术治疗

用创意表达来释放你的情绪垃圾，让你感觉更好，并且还能揭示关于你的事情。你刚画了一朵云？这意味着什么？它是不是遮住了太阳？天啊，那你超级伤心吧！

精神科

谈论你的各种感受，然后（或许）让你得到各种各样的药物处方。

认知行为疗法

指导你在日常生活中运用实际的方法让自己感觉好起来。弗洛伊德流派的精神分析师会让你抱怨你老妈，但认知行为疗法的治疗师认为你只需要少给你妈打电话。

文字聊天服务

花费甚少，你可以在任何你愿意的时候，跟某位治疗师（有正规受训吗？或许吧）用文字聊天。

随手记

我已经试过的疗法：

_____ 有效☐ 无效☐

_____ 有效☐ 无效☐

_____ 有效☐ 无效☐

我已经试过的药：

_____ 有效☐ 无效☐

_____ 有效☐ 无效☐

_____ 有效☐ 无效☐

016 填空编故事：派对迷

把这一页递给朋友，让他提示你每一个空白处需要补充的内容，完成后大声朗读你的伟大创作。

当我打开＿＿＿＿＿＿＿（某个派对／典礼）的邀请函，我立刻感到＿＿＿＿＿＿＿（情绪）。我的意思是，谁不想和＿＿＿＿＿＿＿（熟人的名字）一块儿＿＿＿＿＿＿＿（动词）？

我到了现场，我立刻感到了＿＿＿＿＿＿＿（情绪），我到处找＿＿＿＿＿＿＿（上一段提到的熟人名字）、＿＿＿＿＿＿＿（另一个熟人的名字），或者一只＿＿＿＿＿＿＿（动物）和我一起玩。不幸的是，我看到的唯一一个认识的人是＿＿＿＿＿＿＿（前男／女友的名字），他／她正站在＿＿＿＿＿＿＿（名词）边，喝着各式各样的＿＿＿＿＿＿＿（液体）。

"＿＿＿＿＿＿＿（你见人打招呼时会说的话），"我说，"你看起来真＿＿＿＿＿＿＿（形容词）。"

"你看起来也很＿＿＿＿＿＿＿（形容词）。"他／她说。

然后我们谈到了很多＿＿＿＿＿＿＿（名词），而这场谈话一点也不＿＿＿＿＿＿＿（形容词）。

当他／她走了，我决定在＿＿＿＿＿＿＿（家具）边上＿＿＿＿＿＿＿（动词）。但是看起来没有其他人想要这么干，于是我决定开始＿＿＿＿＿＿＿（动词）。我特别＿＿＿＿＿＿＿（情绪），我想要＿＿＿＿＿＿＿（动词），于是我穿上了我的＿＿＿＿＿＿＿（某种服装）……然后，我看见了它：一只＿＿＿＿＿＿＿（动物幼崽），正坐在＿＿＿＿＿＿＿（名词）旁边。正是在此时，我意识到这一点：这个派对会＿＿＿＿＿＿＿（形容词），如同一个＿＿＿＿＿＿＿（名词）正在＿＿＿＿＿＿＿（动词）一个＿＿＿＿＿＿＿（名词）。

017 送你一株小植物

根据某些心灵大师的说法，你可以用这种方法让自己更快乐：①画一种多肉植物；然后②画出你的某一个梦；③把你的梦画在多肉的上方。

来吧，把你的梦安放到这株多肉上吧！

018 涂色：社交网络里有毒的那类人

社交媒体给了我们一个机会，让我们可以偷窥完全陌生的人的生活细节，更有趣的是，我们在网络上看到的内容大部分都不是发帖人的本来面目。

你肯定见过下面这类人，或至少在社交网络上关注了他们。你可以一边给他们的帖子涂色，一边自我安慰：这都是谎言！

精神领袖

不要只是
夸夸其谈，
要行动。

你的莉迪亚阿姨提醒你：起床并非为了碌碌而为地过一天。难道你不该因此感到开心吗？她的提醒有没有让你感觉更棒了呢？！

标签狂

\# 祝福 \# 今日好物 \# 今日美食

\# 多么珍贵的一刻 \# 超可爱

\# 今日照片 \# 今日穿搭

\# 今日最佳

爱发美食照的人

除非他们会亲自把巧克力蛋糕打
包给你送来，不然你根本不需要
看到这些美食图片。

正在做这件事的人

把你自己的帖子画上来吧。

随手记

我要羞愧地坦承，我在某个时刻曾经发过以下的帖子（把你发过的圈起来）：

- 发过太多宠物照片，但怎么说呢，它多可爱啊，大家需要知道这一点；
- 转发别人说的打鸡血的话，因为我感觉说得太对了；
- 晚饭用的盘子（还是只剩残渣的盘子，因为我吃之前忘记拍照了）；
- 我自己的脚，发之前还用美图软件修饰了脚型；
- 我的手正指着啥；
- 落日，而且现在回想起来，与其他任何地方的落日也并无不同。

除了在这本书里承认，我绝不会告诉其他任何人我关注了：

- 贾斯汀·比伯；

- 一位或多位叫卡戴珊的人；

- 一位或多位前男友 / 女友；

- 一位或多位昔日小学同学（亦是当年的竞争对手）；

- 以上所有，因为人生苦短，要及时行乐。

019 社交网络的地狱之角

  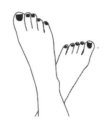  

欢迎来到新世界：在这里你总会看到那些过得比你好太多的人发的照片。他们要么正在度假！要么吃得特别健康！他们的床上（铺着纯白色床单，看似没铺好却颇有艺术感）堆着毫无关联但看起来又富有美感的物件。这些东西就那么精致地摊在床上，等着被拍。

从下面找到此刻在你的社交软件里会出现的其他事物（额外奖励：你可以打开你的微信 / 微博 / 小红书，圈出你看到的前五类事物——这就像是讽刺版的宾果游戏[①]）。

文艺范儿拿铁（ARTFUL LATTE）

\# 我爱生活 #（HASHTAG LOVEMYLIFE）

明天又是新的一天（TOMORROW IS A NEW DAY）

减肥进展（WEIGHT-LOSS UPDATE）

牛油果吐司（AVOCADO TOAST）

"让美国再次伟大"（MAGA[②]）

又是那只猫（THAT CAT AGAIN）

海岸边的脚丫（FEET IN OCEAN）

踩着沙子的脚丫（FEET IN SAND）

浴缸里的脚丫（FEET IN BATHTUB）

正在做美甲的脚丫（FEET BEING PEDICURED）

今日穿搭（OOTD）

毫无特色的食物（NON-ASPIRATIONAL FOOD）

植入性广告（PRODUCT PLACEMENT）

---

① 宾果游戏，英文为 Bingo，是一种西方的填格子游戏，获胜者要喊"Bingo"，具体玩法可以上百度查询。——译者注

② MAGA，指美国前任总统特朗普的口号"Make America Great Again"。——译者注

巴西莓果碗 ① (ACAI BOWL)　　　　　　秀出纤纤美臂 (SKINNY-ARM POSE)

可爱的动物滤镜 (ADORABLE ANIMAL FILTER)　　花式晒娃 (BABY DOING ANYTHING)

秀嘟嘟唇 (DUCK-FACE POSE)　　　　　飞机机翼 (AIRPLANE WING)

看我的鞋多美呀 (LOOK HOW CUTE MY SHOES ARE)　一朵漂亮的花 (JUST A PRETTY FLOWER)

```
X D A R N Q S B T E M X K O J R B Z E F A S H A H E D O N D Q F T C C H L O B L
F U D H V N Z S I O D D P U L C D C J D V B I T G C O P B B Q Y D U W I B Y A S
D C U P N U C E O Q M A L D B I S U T A N O M J R G O V E B D N M K P T X Y B V
T K F L J I F M G L X O Z B H S S L M H G G V B P S F M K E I S U X Q S I W Y H
G F D J N Q P M W M A K R F H Q I R A Q L X J E A Y H M I R A G M T G X N G D Q M
W A U N K P T O M F H Q I R A Q L X J E A Y H M I R A G M T G X N G A G D Q M O
A C Y W A F B N A E H A I P O J X P V V M J J T Z D N M M D C Q F U Z R C X I F
M E R U H I N A K K F X R H M W B A N J B I V C X W O F C O D B U E P W E V N F
L P J T A J O S A W N E T L H I I Z S R Z G V C T Y I Q Z H A V J H R B L B G R
H O J C W V K X L K S R T G G J I R P S O V Q U D P Q H T I Y T R L H E H B D Q A
A S A R W Z A L R T O P F Z P D O R A H E P I X W F A U Y R C H Y L X Y D O H W
B E E R U Z M O Y V D P E L P C Z F E N F L U P X E R K K K Y N D M G D W U Y Z
E D Y D G P U F X I L B A V I N G M E T E B N A U T I A V O C A D O T O A S T E
K Y O D N L L I Y W R N M P A B R A A K L W E T A D P U S S O L T H G I E W H C
E R A S E O H S Y M E T U C W O H K O O L I D S H T S W K L Y Q G M R J S S O N
D T Y B W I O T N W E T T A L L U F T R A S F A M A A X E K L G M R J S S Q N A
I K N E A M F E I U H T V Y Q K C V X E N O B L Y A N C Q U C I B N O E N K G V
Q J R E T I Z N O O G B X W J X H M S N O K U V A E O I E M F O L P Y G J L A A
J T K M M H F O E V F A X X O L J I C R K K L M N G H G T U M E B F J D M E I
Y C P C O E A F T L J Z U L F I K U Y W V X I K K X I L A C B R R Q R N Z P H I
V Q R Z W X C T H A S H T A G L O V E M Y L I F E E W N H T A M O O Y H S D V F
U D A C K S E A C Z T T D E H E E P R E P B C T R T N E A Y O A O A Q H H D G N
R H K N R N O V L A U J I K P M L R E Z Q Q G E D Y X U N E T A Z B J T X Y G E
Z D F H R B A W P P T Z D B R H Z G A W R G X E L F E N B R L A O L X H E V N D
O N D L I U K E F O T A H T V A B L D E S F R W F D I N J T V B A L U Z D U Z Y
U A I B X T P C C M R C G D E N Y M B I N U E B K K D C F J F A A D X C A I Y K
J S V A P H P V E O A W U A R U X M I S C V T P S X J B E Z Y E M R G Z Y V K H
X N Q H S T O X B C N Q K D I Q G Q L I T M Q M Q F O U Y V F O Q W O B F C J B
V I S O Q A W M S B J I B G O N A Z D V F N S M W T N S P S K A A O Q D C L N J
F T K Z G Z B X Q V P X E T X L R J E V Z J K R U Y Q C J A H U O U H H Y A J T
U E Q S Q N O C B I I J T E C S P L G X W P E B M W M J K G D A R Y U D E E L H M
Y E Z M Z I O H L V K Z Y V E G C A R H U T D E T G S K E S J Q H I C A P F C H
Q F S U T T Q A K S Q S P O N F W Y N J G Q U D D J D H G H S M Z G V T X V F F
D P N W R E F I Q S A S K F I X W R Z C C V G J F X E M W M J T H D K N S F N I B
H J Z A S E C V L T K B E R X Y X T F T I I Y J W F Z N Y H L J B U T W L J A J F
G X K G X H L U K P I N B B K J Q H J B I Q U Y Q E X L R M A G X G Q U B J H F
F M N L H U J X C O T D H K W C Q U T Q M A G A S Z M X A B H K A Q D M V B H X
J O V Q P Y Q D D E O D V U E L U H L N J V P E I A S X B K G F N C C K J P S P
S X Z D G D X W E Y W T Q B M G X K J M F E X F C U K U N K L J W E S Z X Q Z
M Z C S K C G F Z O S G D R N C S U H T B B Q L H Z F U Y V I Z J B N X D A W G
```

---

① 由巴西莓冰沙和香蕉、燕麦、坚果等食材做成的网红健康食品。——译者注

将你最喜欢的形容词和名词配对，组合成满意的网名吧！

突出的	龙
凋谢的	大杂烩
丰饶的	苜蓿
摇摆的	旋风
狡猾的	华夫饼
芳香的	扭屁股人
晦涩的	小猪
清秀的	救火队员
华丽的	意大利面

020 那些你不想收到的信息

当手机提示你收到信息时，就是在提醒你在某个地方某人正在想你。可能他们在想什么好事呢！或许他们想要约你出去玩！

但更可能的是有人想提醒你，你忘了做什么重要的事，比如：

- 工作相关的人大周末的给你发信息，但你并没有告诉过他你的电话号码；

- 你的亲戚想跟你谈谈你的人生选择；

- 小学四年级时认识的朋友想要约你出去，而过去三年你们一句话没说过；

- 来自三年前你偶然去过一次，离你超远的有机抹茶店的限时促销广告；

- 购物清单；

- 待办事项清单；

- 你有待改进方面的清单；

- 从_____发来的信息，想让你知道_____（啊！）。

把这些手机截屏图片都剪下来撕碎 ⟶

未知发件人莫名发了一条
没有前言后语的询问短信

任何与车管所有关的
信息

你头天喝醉发的信息

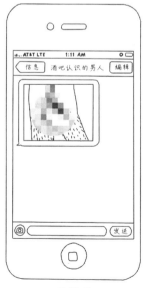

不雅照

余额过低的提醒

祖父母

故意留白的一页，放心剪！

021 涂色：请装扮这些聚会用的气球吧

……为什么？为什么不呢？

022 焦虑自查表 1

今天是：＿＿年＿＿月＿＿日

我感觉：＿＿＿＿＿＿＿＿＿＿＿＿＿＿＿＿＿＿＿＿＿

＿＿＿＿＿＿＿＿＿＿＿＿＿＿＿＿＿＿＿＿＿＿＿＿＿＿

＿＿＿＿＿＿＿＿＿＿＿＿＿＿＿＿＿＿＿＿＿＿＿＿＿＿

我喜欢的人是：＿＿＿＿＿＿＿＿＿＿＿＿＿＿＿＿＿＿＿

＿＿＿＿＿＿＿＿＿＿＿＿＿＿＿＿＿＿＿＿＿＿＿＿＿＿

＿＿＿＿＿＿＿＿＿＿＿＿＿＿＿＿＿＿＿＿＿＿＿＿＿＿

我喜欢去的地方是：＿＿＿＿＿＿＿＿＿＿＿＿＿＿＿＿＿

＿＿＿＿＿＿＿＿＿＿＿＿＿＿＿＿＿＿＿＿＿＿＿＿＿＿

＿＿＿＿＿＿＿＿＿＿＿＿＿＿＿＿＿＿＿＿＿＿＿＿＿＿

我喜欢做的事是：＿＿＿＿＿＿＿＿＿＿＿＿＿＿＿＿＿＿

＿＿＿＿＿＿＿＿＿＿＿＿＿＿＿＿＿＿＿＿＿＿＿＿＿＿

＿＿＿＿＿＿＿＿＿＿＿＿＿＿＿＿＿＿＿＿＿＿＿＿＿＿

我期待着：＿＿＿＿＿＿＿＿＿＿＿＿＿＿＿＿＿＿＿＿＿

＿＿＿＿＿＿＿＿＿＿＿＿＿＿＿＿＿＿＿＿＿＿＿＿＿＿

＿＿＿＿＿＿＿＿＿＿＿＿＿＿＿＿＿＿＿＿＿＿＿＿＿＿

我找到的此刻能让我感到快乐的事物是：＿＿＿＿＿＿＿＿

＿＿＿＿＿＿＿＿＿＿＿＿＿＿＿＿＿＿＿＿＿＿＿＿＿＿

＿＿＿＿＿＿＿＿＿＿＿＿＿＿＿＿＿＿＿＿＿＿＿＿＿＿

当我后退一步，努力地用心审视生活时，我发现，其实人生还是挺美好的。

023 早该在几年前开口说的事，下一次你就说出来

　　你属于这类人吗？一张口就会说出不合时宜或特别令人尴尬的话？而在五小时后，你的大脑才反应过来，告诉你的嘴应该怎样说，只是为时已晚。毕竟五小时后，你的嘴突然说出些什么不都是怪怪的？没事儿，你可以在这里说出来。

对电子产品售卖员说

对你的婆婆 / 岳母说

　　"这事儿太不可思议了，我们的邻居买了几头山羊，但她整个 11 月都要去里约参加一个什么古董玩偶修复大会。总之吧，在她旅行期间，她让我去帮她喂羊，如果我不去，羊就饿死了，这可就太令人伤感了。总之，长话短说，看起来我们今年没法回来过感恩节了。"

对你的老板说

练习！请在下面的空白处填上适合的句子

_____发来的信息："我们一起度过了特别的四年，但是我感觉我现在还没法步入婚姻。"

我的回应：_____

一位你已经见过 23 次的朋友说："嗨，很高兴认识你！"

我的回应：_____

024 当你钟爱的人让你失望，你可以做什么

1. 哭。
2. 吃意大利面，或糖，或撒上糖的意大利面。
3. 使劲哭。
4. 和其他人说说。
5. 对自己好一点。
6. 放轻松。
7. 放下这件事。

在游轮上画上你自己，而那些让你失望的人则没被邀请上船。

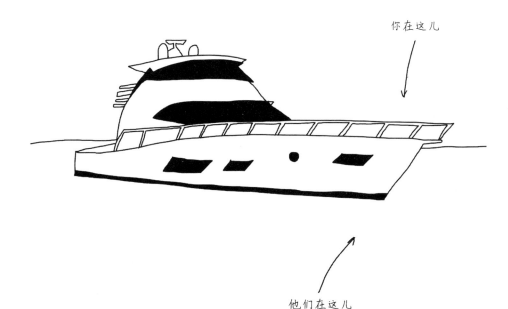

你在这儿

他们在这儿

025 感恩清单

对于焦虑或者抑郁的人来说（其实对任何人都一样），最好用的方法之一就是填写感恩清单。我们知道当你感到精神失常／害怕／悲伤时，你最不想做的或许就是坐下来，想想什么值得你感恩。不幸的是（或幸运的是），这么做很有帮助。

今天，这件事让我很感恩：＿＿＿＿＿＿＿＿＿＿＿＿＿＿＿＿＿

我也为以下的事感恩：

本无须多此一举，却帮助我的人：＿＿＿＿＿＿＿＿＿＿＿＿
＿＿＿＿＿＿＿＿＿＿＿＿＿＿＿＿＿＿＿＿＿＿＿＿＿＿＿＿＿
＿＿＿＿＿＿＿＿＿＿＿＿＿＿＿＿＿＿＿＿＿＿＿＿＿＿＿＿＿

我有机会帮助了这个人：＿＿＿＿＿＿＿＿＿＿＿＿＿＿＿＿＿
＿＿＿＿＿＿＿＿＿＿＿＿＿＿＿＿＿＿＿＿＿＿＿＿＿＿＿＿＿
＿＿＿＿＿＿＿＿＿＿＿＿＿＿＿＿＿＿＿＿＿＿＿＿＿＿＿＿＿

这件关于我的住所的事：＿＿＿＿＿＿＿＿＿＿＿＿＿＿＿＿＿
＿＿＿＿＿＿＿＿＿＿＿＿＿＿＿＿＿＿＿＿＿＿＿＿＿＿＿＿＿
＿＿＿＿＿＿＿＿＿＿＿＿＿＿＿＿＿＿＿＿＿＿＿＿＿＿＿＿＿

这件关于我的家庭的事：＿＿＿＿＿＿＿＿＿＿＿＿＿＿＿＿＿
＿＿＿＿＿＿＿＿＿＿＿＿＿＿＿＿＿＿＿＿＿＿＿＿＿＿＿＿＿
＿＿＿＿＿＿＿＿＿＿＿＿＿＿＿＿＿＿＿＿＿＿＿＿＿＿＿＿＿

这件关于我自己的事：＿＿＿＿＿＿＿＿＿＿＿＿＿＿＿＿＿
＿＿＿＿＿＿＿＿＿＿＿＿＿＿＿＿＿＿＿＿＿＿＿＿＿＿＿＿＿
＿＿＿＿＿＿＿＿＿＿＿＿＿＿＿＿＿＿＿＿＿＿＿＿＿＿＿＿＿

026 （除你之外）其他那些没钱却很酷的人

（没）钱让你不快乐？你不孤独！世界上 100% 的人都会为财务焦虑，包括那些排在前 1% 的最有钱的人，他们很担心自己心爱的姑妈留下来的遗产因为该死的（完全合理的）房产税要缩水了，而这钱本来可以让他们再买一辆兰博基尼的。

让我们这些没法用酒窖来储藏金条的人（但只是因为我们没有酒窖），一起看看这些名人吧，他们也曾靠贷款过活。

唱片店里从不评判你品位的好人

吐槽吧里的老博良士，他十分相信你未生就是干销售的料

你最喜欢的老师

文森特·凡·高

弗兰兹·卡夫卡

赫尔曼·梅尔维尔①

地球上生活的每一只袋鼠

艾米莉·狄金森②

---

① 赫尔曼·梅尔维尔，19 世纪美国最伟大的小说家、散文家和诗人之一，被誉为美国的"莎士比亚"。——译者注

② 艾米莉·狄金森，19 世纪中叶美国传奇诗人。——译者注

027 坐头等舱的人都在想什么

你有没有穿过头等舱走到自己座位的经历？或许你每次坐飞机都会走一遍吧？你会不会好奇那些自命不凡的、优先登机的、优先离舱的、品着香槟的、有品位的，当然还有地方可以放五件行李的人是怎么看你的呢？写出来吧！

028 连线：那些你不该听的歌与其演唱者

我们这些焦虑星人应该在这些歌的音符到达我们耳膜的第一时间就把耳机扔出窗外。

《当他降临人间》（*The Man Comes Around*）

《当世界消失的那一天》（*The Day the World Went Away*）

《地球尖叫着死去》（*Earth Died Screaming*）

《恶月正在升起》（*Bad Moon Rising*）

《光子黑洞》（*Black Hole Sun*）

《世界末日之时》（*When the World Ends*）

《毁灭前夜》（*Eve of Destruction*）

《木制的船》（*Wooden Ships*）

《结局》（*The End*）

《谈谈第三次世界大战》（*Talkin' World War III Blues*）

《悲伤的歌》（*The Weeping Song*）

《墓志铭》（*Epitaph*）

《罪人》（*Sinnerman*）

《直至世界末日》（*Till The World Ends*）

声音花园乐队（Soundgarden）

大卫·曼休斯乐队（Dave Matthews Band）

妮娜·西蒙（Nina Simone）

克里登斯清水复兴合唱团（Creedence Clearwater Revival）

尼克·凯夫和坏种子合唱团（Nick Cave & the Bad Seeds）

CSN 乐队（Crosby, Stills & Nash）

大门乐队（The Doors）

布兰妮·斯皮尔斯（Britney Spears）

汤姆·威兹（Tom Waits）

克里姆森国王乐队（King Crimson）

九寸钉乐队（Nine Inch Nails）

巴里·麦圭尔（Barry McGuire）

约翰尼·卡什（Johnny Cash）

鲍勃·迪伦（Bob Dylan）

注：连线题答案请见书后。

以下这些歌也禁止播放：

029 为什么焦虑是件好事

我们都知道，一个总是焦虑的人，有时候是有点无趣的，但除此之外，这个特点还挺好的——有时甚至能救命！

你之所以是个幸运星，是因为：

- 你的情绪已经到位，准备好面对外星人的入侵以及面对鸟类的伏击了；
- 你不太可能因为忽略身上的小毛病而最终一命呜呼；
- 如果你让你自己的防护水平降低，一切都会分崩离析，所以你其实是帮了宇宙一个忙，你就像个超级英雄；
- 你会回家再三检查炉子有没有关火（你或许两年都没开过火了，但是万一你昨晚有那么一点点可能性开了火而你自己不记得了呢？你回去看一眼就能拯救你的房子免于火灾。邻居们，举手之劳，不用客气啊）；
- 每个人都觉得萨拉·康纳① 疯了，但你那时知道她是谁吗？没错，就是如你所想。

（如你所知）
我会回来的②。

---

① 萨拉·康纳，是《终结者》系列里未来人类的领袖康纳的母亲，因为她向当时的人讲述未来要发生的"审判日"，被认定为疯子，并被关进疯人院。——译者注
② "我会回来的"是《终结者》里被从未来送回 1984 年的 T-800 机器人在血洗警察局之前说的话。——译者注

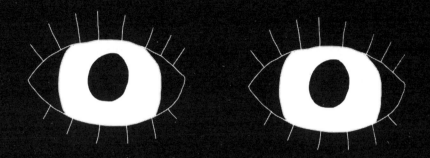

盯着焦虑
好好看

030 Top5 排名：什么是你最强烈且合理的恐惧

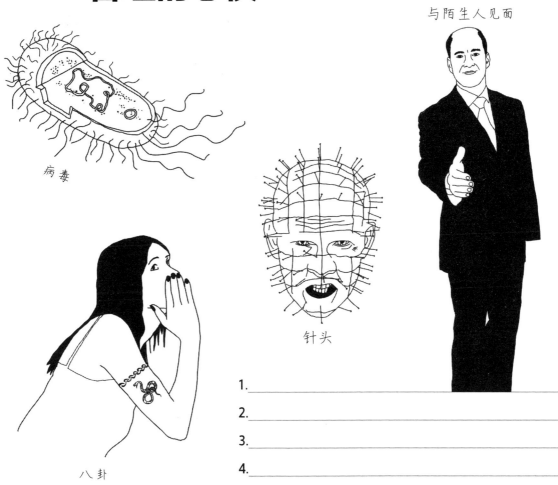

与陌生人见面

病毒

针头

八卦

1. _____
2. _____
3. _____
4. _____
5. _____

031 连线：恐惧症与对应的恐惧

每个人都有自己的恐惧症。他们或许害怕黑暗，或是害怕被困在电梯里，也可能是害怕蜘蛛。你知道这些情况对应的恐惧症叫什么吗？**太小儿科了！**如果想让人印象深刻，那你应该在看到别人的肚脐眼儿时惊恐发作！

将恐惧症的名字与其对应的恐惧配对。

1. 密集恐惧症（Trypophobia）
2. 气球恐惧症（Globophobia）
3. 回文恐惧症 [1]（Aibohphobia）
4. 教皇恐惧症（Papaphobia）
5. 长单词恐惧症（Sesquipedalophobia）
6. 日光恐惧症（Heliophobia）
7. 洗澡恐惧症（Ablutophobia）
8. 数字 13 恐惧症（Triskaidekaphobia）
9. 无手机恐惧症（Nomophobia）
10. 睁眼恐惧症（Optophobia）
11. 小丑恐惧症（Coulrophobia）
12. 睡着恐惧症（Somniphobia）
13. 肚脐恐惧症（Omphalophobia）
14. 恐恐惧症（Phobophobia）
15. 肘部恐惧症（Ishicascadiggaphobia）
16. 上腭粘到花生酱恐惧症（Arachibutyrophobia）

A. 害怕花生酱粘在嘴里
B. 害怕自己有恐惧感
C. 害怕长单词
D. 害怕洗澡
E. 害怕睁开眼睛
F. 害怕没有手机用
G. 害怕肘部
H. 害怕日光
I. 害怕小丑
J. 害怕睡着
K. 害怕肚脐眼 [2]
L. 害怕教皇
M. 害怕气球
N. 害怕孔洞
O. 害怕数字 13
P. 害怕回文

加分题：以上哪一个 / 哪几个恐惧症是假的？ _____

注：答案请见书后。

---

[1]　回文是指从前面读和从后面倒着读都是一样的文字，比如数字 12321，或者单词 refer。——译者注

[2]　如果你有这一种恐惧症，你就把自己当作女王吧，因为奥普拉·温弗瑞也是这样！

032 这些事实，会让你感觉更好

- 有些地方的臭氧层正在进行自我修复。

- 公共图书馆还开着。

- 某些特殊品种的青蛙背上分泌的黏液可以杀死流感病毒，而且将黏液从青蛙身上刮下来也不会伤害到它！

- 你也可以在美国买到澳洲生产的很好吃的 Tim Tam 牌饼干 [1] 了。

- 我们马上就要彻底消灭麦地那龙线虫了。这是一种三足线性蠕虫，看起来就像是意大利面。若被这种虫寄生，宿主皮肤上会长出让人疼痛难忍的脓疱，并于表面爆出虫体。所以这算是个特别好的消息。

- 在 YouTube 上有一个鲍伯·鲁斯（Bob Ross）[2] 的专门频道。

---

[1] Tim Tam，澳大利亚的著名饼干品牌，在中国也能买得到，感谢全球贸易！——译者注

[2] 已故美国画家、艺术指导和电视节目主持人。鲁斯因他平静的绘画态度与耐心而知名，在他著名的电视节目《欢乐画室》（The Joy of Painting）中，鲁斯会教导观众利用快速技法，即用最少的颜色以及将绘画分解成几个简单步骤来完成一幅油画，几乎任何人都能跟随他的教学作画。——译者注

- 2017 年，在佛罗里达州的博卡拉顿，有一群高中生牵头组建了一个俱乐部来确保每个人吃午餐时都有伴儿。

- 我们已经能够检测到太空中的引力波，这意味着我们（或许）可以听到其他维度（听不懂没关系，反正这超级酷）。

- 在法国南部的格勒诺布尔，所有的户外广告都被替换成了大树。

- 科学家正在研制一种石墨烯过滤设施，用来把海水转化为饮用水。

- 全世界都在建设超级高铁交通系统。很快你只需 29 分钟就能从纽约到华盛顿了。这也意味着当你的朋友还在等地铁时，你已经到了另一个州。

- 科学家最近发现了一种全新种类的极光，并把它命名为史蒂夫（Steve）[①]。

---

① 史蒂夫极光，是一种罕见的、短暂而闪亮的紫色等离子带。——译者注

033 五个绝无灭绝风险的物种

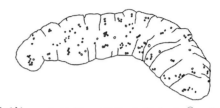

驴粪，真的是一种海参的名字①，如果你看见它，就会觉得这名字起得很有道理。这是一坨长满疙瘩、大约 50 厘米长的棕色物种，完全没有灭绝风险！有人还会买它（花了钱的！）来吃。

白尾鹿，又称小鹿斑比，现状甚好，在北美地区巡游，吃树叶、仙人掌和玉米穗。它们主要生活在美国得克萨斯州，那里的人们喜欢捕猎它们。还是不要谈最后一部分内容了。

短吻果蝠，住在洞穴里，以森林里的果实为食，而不是人类的灵魂。

皱鳃鲨，尽管隐约让人害怕，但它们目前还不会被印在邮票上。它们的针状齿绝大部分时候都是用来咬水母而不是人肉的，所以这听起来还不赖。

非洲食蚁兽，它用长长的像猪嘴一样的吻部嗅出食物，比如昆虫。它们是夜行动物，并且将在未来几年跻身英文字典的第一页②。听起来是不是令人欣慰？

---

① 学名应为墨西哥海参（holothuria mexicana）。——译者注

② 因为非洲食蚁兽的英文是 aardvark，按照字母排列顺序，这个单词必定在英文字典的最开始处。——译者注

034 这些情况会引起疲劳症状

感觉疲惫？如果你因为以下某种情况（或许是其中很多项）感到累，请你圈出来。

就业（EMPLOYMENT）

孩子（CHILDREN）

不能喝健怡可乐（NO MORE DIET COKE）

嗜睡症（NORCOLEPSY）

癌症（CANCER）

单核细胞增多症（MONOMUCLEOSIS）

肠易激综合征（IRRATABLE BOWEL SYNDROME）

怀孕（PREGNANCY）

疟疾（MALARIA）

看了太多的美国恐怖故事（TOO MUCH AMERICAN HORROR STORY）

隔壁小隔间的卡罗一直喋喋不休说个不停（CAROL IN THE NEXT CUBICLE WON'T STOP TALKING）

猫窝在你头上睡觉（CAT SLEEPING ON YOUR HEAD）

女性生理期（YOU PERIOD）

抑郁（DEPRESSION）

大量失血（MASSIVE BLOOD LOSS）

晕车/船/飞机（MOTION SICKNESS）

卡罗昨晚的约会太糟糕（CAROL'S DATE LAST NIGHT WAS THE WORST）

没喝够咖啡（NOT ENOUGH COFFEE）

喝太多咖啡（TOO MUCH COFFEE）

惊吓（SHOCK）

饥饿（HUNGER）

口渴（THIRST）

宿醉（HANGOVER）

卡罗的侄子在婚礼上穿了白色 ① （CAROL'S COUSIN WORE WHITE TO A WEDDING）

卡罗做不了某某事（CAROL JUST CAN'T）

被响尾蛇咬了（RATTLESNAKE BITE）

睡太多（TOO MUCH SLEEP）

睡太少（TOO LITTLE SLEEP）

睡得刚刚好，但是生活太艰难了（EXACTLY THE RIGHT AMOUNT OF SLEEP BUT LIFE IS HARD）

责任（RESPONSIBILITY）

---

① 在西方习俗里，新娘穿白色，宾客需要穿正装，但不能是白色的，以免夺了新娘的光彩。——译者注

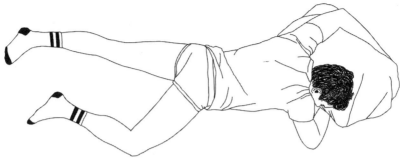

035 除你之外，这些伟大的作家也焦虑

有人与你同行：世界上所有的顶级作家和思想家都有这样或那样的焦虑。

① 埃兹拉·庞德（Ezra Pound），20 世纪美国诗人和文学评论家，意象派诗歌运动的重要代表人物，美国艺术文学院成员。——译者注

② 谭恩美（Amy Tan），美国华裔作家。1952 年出生于美国加州奥克兰。她因处女作《喜福会》而一举成名，成为当代美国的畅销作家。著有长篇小说《灶神之妻》《灵感女孩》和为儿童创作的《月亮夫人》《中国暹罗猫》等，作品被译成 20 多种文字在世界上广为流传。——译者注

③ 西尔维娅·普拉斯（Sylvia Plath）是继艾米莉·狄金森和伊丽莎白·毕肖普之后最重要的美国女诗人。1963 年她最后一次自杀离世时，年仅 31 岁。——译者注

④ 弗吉尼亚·伍尔夫（Virginia Woolf），英国女作家、文学批评家和文学理论家，意识流文学代表人物，被誉为 20 世纪现代主义与女性主义的先锋。——译者注

036 写出一篇精彩的故事吧

（什么，这难吗？）

现在，我们已经把你塑造成命中注定超有钱、有名且成功的作家……你已经决定要写什么了吗？还没有？那我们来帮你啦！

使用下面的表格来找出你的畅销书要写什么。

	根据你名字拼音的首字母选出角色	根据你最喜欢的书的名字拼音首字母选出角色的行为	根据你姓氏拼音的首字母选出场景
A	一头非洲象	呕吐	在沃尔玛
B	一个懒惰的海盗，对抢钱没兴趣	找到真爱	在一家屠宰场，到处充斥着死亡的气息
C	一无所有的丰满女子	开始卖袋鼠肉的生意	在苹果园里，清晨的阳光让一切显得绿意盎然
D	一个眼神天真无邪的孤儿，他的袋子里还装着一个鸡蛋	吃着永远都吃不完的意大利面	带着露珠，闪闪发光的摩天大楼
E	一位年轻的公主，被关在塔楼里受折磨	投入地打游戏	在一辆崭新的拖车边，收据还吊在车后呢
F	穿得脏兮兮的小孩	写诗	在一个热带绿洲上，到处都是可以让你漂在水上的泳池躺椅

续前表

	根据你名字拼音的首字母选出角色	根据你最喜欢的书的名字拼音首字母选出角色的行为	根据你姓氏拼音的首字母选出场景
G	热爱骑马的花季少女	写一个关于九个孩子被困住的悲剧	在烤箱里
H	装着意大利肉酱面的超大碗	学会用宝宝马桶	在哈佛大学
I	一位帅气的俄罗斯籍新郎	与愤怒的鳄鱼搏斗	在酸奶冰淇淋店
J	一个从火星来的巨型熔岩怪物	做了一个变性手术	在邪教组织总部
K	一个 50 岁、只爱高尔夫的老光棍	雇用一帮没规矩的孤儿来卖报纸	在美国亚拉巴马州西部城市塔斯卡卢萨的一个昂贵的兽医诊所门外
L	一个无法看到、只能感知的黑暗领域	成为一名传奇的弓箭手	在家里地下室中，被绑在一根水管上
M	一个丧偶的女人	生下七胞胎	坐在美国摇滚乐队音速青年的音乐会观众席前排
N	一个不会开车的严格素食者	发现了智利诗人和小说家罗贝托·波拉尼奥的尸体	在一个瑞士钟表匠的小店里
O	有健忘症的自传作家	在垃圾桶里找到了意义	在黑暗密林深处的帐篷里
P	在一个荒岛上的酒鬼	把他们收藏的唱片卖了 1000万，并且去旅行	在海底的海底

续前表

	根据你名字拼音的首字母选出角色	根据你最喜欢的书的名字拼音首字母选出角色的行为	根据你姓氏拼音的首字母选出场景
Q	一个失明的私家侦探	把一切都给了耶稣基督，并且退了休	正在听《魔鬼经济学》的广播
R	一位嗜血的女人	做了人造手术让自己看起来更像一棵树	在阿拉伯海中某个地方登上一艘大船
S	一位女权主义的精神导师	吃生肉	在托斯卡纳的阳光下
T	一位感到压抑的男性白人小说家	学习盆景艺术	在一个五星级餐厅
U	一位在犹他州山区里长大的女孩	赞叹一只章鱼奢华的触手	在一个断电的地区
V	一位患有阿尔茨海默病的伟大国王	把他/她最好朋友的长子偷走了	在一个位于俄亥俄州的养鸡场
W	一位远离故土十分思乡的单亲妈妈	过着双重人生	在一个破败的19世纪的精神病庇护所
X	一位拼命地想要搞垮大型碳酸饮料公司的营养学家	听美国摇滚乐队恐龙二世的歌，听到哭泣	正作为总统发表国情咨文演说
Y	一位维多利亚时代的洗衣女工	碰见他/她妈妈的秘密情人	给变老的"小甜甜"布兰妮擦额头上的汗
Z	一个失业的动物饲养员	与一个名叫法比奥的人做爱	在他/她女儿的一年级教室里

037 解雇你身体上的零部件

我们都知道眼球的主要功能就是看东西，可是当你年岁渐长，眼球也越发懈怠，还总抱怨你用眼过度，仿佛忘记了它们本该做什么。比如，帮助你不要走路撞到东西，帮助你读书和看东西。你想要把自己的旧眼球一把火烧了，然后换一对更新、看得更清楚的眼球吗？你将花更少的钱在眼球上，却能让它们更好地为你服务。如果可以把"动作缓慢却又不可避免地衰老的躯体"从那些让你深夜难眠的事物清单中划去，是不是感觉很爽？

把每一个让你感觉不舒服的身体部位圈出来，如果它们想让你这个老板满意，确实需要表现再好点了。

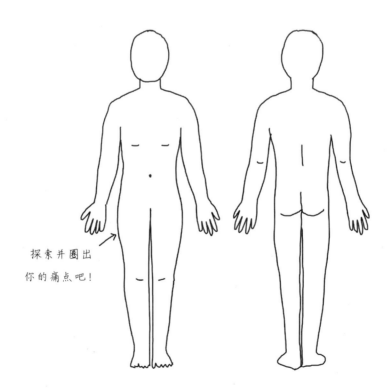

探索并圈出
你的痛点吧！

038 你或许没得过这些罕见病

爱丽丝漫游奇境综合征

这种病有类似使用致幻剂的效果。总的来说是一种由偏头痛、脑部肿瘤、滥用精神类药物或者极度缺乏睡眠导致的症状。这种病症会导致患者认为自己看到的物体比它们的实际尺寸要更大或更小，并且常常感到自己在长大或者缩小。据说刘易斯·卡罗尔正是基于他自己对世界的感知，写出了《爱丽丝漫游奇境》里爱丽丝的那些经历，这种病症也因此得名。

科塔尔综合征

这一精神障碍的特征是患者相信自己已经死了，这听起来已经够可怕的了，而患者或许还会感觉他们的躯体正在腐烂，血液流尽，器官消失，甚至他们根本就不存在。矛盾的是，这些患有科塔尔综合征的人常常还伴有长生不老的幻想。一个著名病例是一位生活在 19 世纪被称为 X 小姐的法国女人，她坚信自己身体的某些部位消失了，但同时她还被诅咒永生不朽，所以她都不需要吃饭。当然，最终她被饿死了。

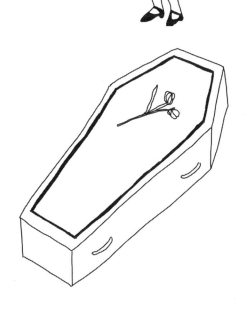

爆炸头综合征

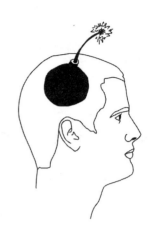

虽然拥有能想象得到的最可怕的名称，爆炸头综合征却不会真的导致头脑爆炸。相反，患者会在头脑中体验到巨大的声响（只是想象出来的），比如炸弹爆炸、铜钹碰撞或枪声，而且通常是在梦中或者醒来时。有趣的是，阴谋论者相信这种病是因为大脑受到"直接的能量攻击"（辟谣：这不是真的）。

缅因州吓得跳起来的法国男人

这或许是从古至今，唯一一个针对特定人群的障碍，即生活在 19 世纪缅因州北部农村的法国裔加拿大伐木工人，他们会被一种夸张的惊跳反应所折磨。没有一个确定的原因能解释这种反应，但有人认为是这些患者在他们生活的小群体里因惊跳反应得到了正向的反馈，因为这样的反应有着"娱乐价值"。所以这个症状更像是在告诉你 19 世纪缅因州农村地区的生活是怎样的。

毛状舌

这种非常令人反感的现象产生于舌头表面细胞与微生物的堆积，通常发生在有重度烟瘾又不注意口腔卫生的人身上。从好的方面说，治疗方法也很简单："山顶洞人，去刷牙！"（警告：千万不要去网上搜索，它就是你想的那样，脑子里留下让你印象深刻的毛状舌图片，绝不会有助于睡眠。）

039 Top5 排名：
那些被认为能让你更加平静，却没什么用的东西

类似"这样的"标签

凝视蔬菜

叠石头塔

1._____

2._____

3._____

4._____

5._____

040 涂色：你不会这样死去

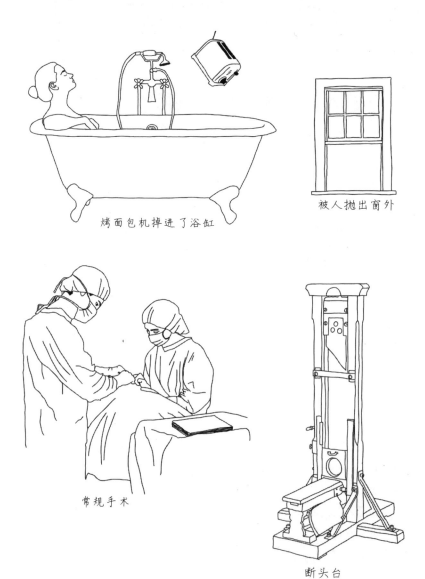

烤面包机掉进了浴缸

被人抛出窗外

常规手术

断头台

041 焦虑者食谱

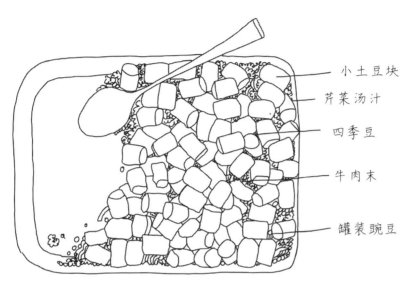

小土豆块

芹菜汤汁

四季豆

牛肉末

罐装豌豆

妈妈最擅长的热菜

威士忌

香烟

指甲

042 搭地铁全程不触碰任何人

没什么比一次"美好"的地铁长途旅行，更能让洁癖患者血流加速的了！想想那个画面：闷在钢铁棺材里，旁边有人刚小便完，孩子们看上去病恹恹的样子，不时还会有人进来做快闪表演。

开始

结束

043 人尽皆知的五种电影院混蛋

当你还是孩子时，去看电影就意味着吃着水果软糖，看着皮克斯动画，再配上愉悦的心情。但现在去看电影，你看到的都是些烦人的混蛋：那些坐在你前面的、后面的和在旁边发着短信的讨厌鬼。

1. 电影院售票处排在你前面的混蛋，他已经问了售票员 16 个特别详细具体的问题。除非对方是百科全书，否则不可能答得上来，这人就是明知故犯。

2. 看电影坐在你前排，不停地晃着自己超大号脑袋的混蛋，他这么一晃，你就得跟着晃你正常大小的脑袋，并就此引发连锁反应：坐在后面的人都得不停地跟着晃动脑袋。

3. 有一种混蛋，会用自己的夹克占个座，这样旁边就没人坐了。

（注：其实我们都是这种人。）

4. 还有一种混蛋，一边看电影，一边大声嚼着奶味糖豆，

声音听着就像狮子正在把刚刚杀死的猎物撕咬成块，分给自己的幼崽吃。

5. 最后一种人，会在散场后将垃圾丢在地上，让那些薪水微薄的影院员工去清扫，

很显然，这种人就是在马厩里长大的。

044 当练习瑜伽挺尸式时，你在脑子里问自己的问题

我每月需要支付的最低租金应该是多少？

我是否应该在养老金上增加投资？

养老金项目具体是怎么运作的？

冰箱里还有没有吃的？

为什么除了我，每个人都能看到 3D 立体图里的画？

练完我能不能喝健怡可乐？

谁放屁了？

为什么我朋友圈最新的帖子还没人点赞？

如果附近有人放了个屁，你闻到了，是不是表示你其实吸入了微量大便？

045 焦虑自查表 2

今天是：＿＿年＿＿月＿＿日

如果焦虑值范围是从 1 到 10，我今天的焦虑程度为：＿＿＿＿＿＿

我现在会更焦虑，如果我：

a. 看新闻；

b. 在游乐场里玩旋转飞车时，忍着不吐；

c. 算自己要缴多少所得税；

d. 生孩子；

e. 以上全部。

我会没那么焦虑，如果我：

a. 泡一个花草浴放松；

b. 抽个烟，喝个酒；

c. 吃下第五片比萨；

d. 住在一个封闭式社区，这里面没有人，只有小狗；

e. 以上全部听起来都很完美，谢谢。

今天，我最焦虑的一件事是：＿＿＿＿＿＿＿＿＿＿＿＿＿＿＿＿＿＿＿＿＿，但是这很可能不会发生，因为＿＿＿＿＿＿＿＿＿＿＿＿＿＿＿＿＿。如果它没有发生的话，那一切最终都是没问题的，因为＿＿＿＿＿＿＿＿＿＿＿＿＿＿＿。噢！

让我感觉好起来的事情有：

    a. 计算那些极端不幸的事件发生的概率有多少；

    b. 锻炼；

    c. 给我的妈妈 / 最好的朋友 / 心理热线打电话；

    d. 在视频软件上看老人们跳广场舞；

    e. 除了锻炼以外，以上全部。

我一看就是个超级忙的重要人物，但是我承诺今天无论如何要完成下面的事（多选）：

    a. 给自己泡一杯热茶，坐下来，喝完它，期间不看手机；

    b. 与其吃饼干和上顿剩了一半的外卖将就，我可以对自己更好，比如吃一顿美味又有营养的饭；

    c. 睡前读一本可以翻页的、真正的纸质书；

    d. 把昂贵的精油放进雾化器，假装自己正在做 SPA（而且感觉超爽，因为不用额外花几百块钱外加小费来让自己沐浴在薰衣草的香气中）；

    e. 一个人在安静的屋子里坐上五分钟，并且对我的室友 / 另一半 / 孩子 / 老板撒个谎，不让他们知道我在哪儿。

046 为有焦虑倾向的人准备的经文

经文就是一些你一遍又一遍重复念的话，直到你接受现实并感到释然——你就是生活在这样一个鬼地方。

重复念这些经文，可以帮助你放下那些引起担忧和内心冲突的执念，比如工作、家庭、朋友、关系或钱财。

内在恐慌

我发誓要爱、尊重和珍惜地球上的所有生灵。如果有一场大火，我要救出我的小猫来福、我的室友小洁，还有没吃完的炸酱面，因为它特别美味。嗯，以上是我的抢救顺序。

我本应享受快乐。可这个世界在合谋用上涨的房租和那些又帅又有才还超级有钱的人夺走我生命中简单的快乐，这可不是我的错。

我无须完美。每个人都难免会有尴尬出糗的时刻。

我才是那个决定自己是否要倍感压力的人。事实上，我总是决定："是的，我感觉很有压力。"看，我是一个始终如一的人。

百分之九十九的情景，都不会是世界末日。

047 你应该试试冥想

　　理论上，冥想是特别有用的。但事实上，它只是另一个让你感觉愧疚的、该做而没做或者做得不够的事。如果你想试试或再试一次，以下是你（或许）可以获得内心平静的一些方法。

- 闭上眼睛，将注意力集中在呼吸上。深吸一口气到你的腹部，然后用你的嘴缓缓呼气。想起明天你要开会？别想那个。也别去想那天你的性感同事问你怎么样，而你回答说"我得去上厕所"并害羞到脸红（maroon）。嗯，还记得上一次你觉得魔力红乐队（Maroon5）不错是什么时候吗？停下别想了！吸气，天哪，你练得也太差了吧。呼气。

- 去下载一个每月收费 35 元的软件（你只会用四次就删了，但会忘了取消订阅）。承诺每天冥想10 分钟。带着虔诚做四天的冥想。买一块祈祷专用的地毯，以及冥想大师的书。买一盏喜马拉雅盐灯[1]。

- 雇一位冥想教练，给他很多钱，让他引导你想象你的喜乐圣地是什么样的——那就是你小时候去过的波多黎各圣胡安市的海滩。别忘了波多黎各已经被飓风摧毁过了。我的天哪，都怪全球气候变化！

- 在视频网站上搜索"冥想引导"，并花 30 秒先看一段衣物柔顺剂广告。

- 上床。放一集超老的节目《美国生活》。当你睡思昏沉时，你意识到艾拉·格拉斯[2] 就是你的精神导师，在一位陌生人讲述他折千纸鹤抗议 2008 年金融危机，以及如何在越南酒吧里捡到一条狗的故事中入睡。

---

① 喜马拉雅盐灯（Himalayan salt lamp），在淡红色盐晶体中凿空中心，放置灯泡或加热灯。据称可以净化空气，给大脑充氧等。——译者注

② 艾拉·格拉斯（Ira Glass），是《美国生活》（*This American Life*）的主持人，该节目专门收集和展现美国人的日常生活。——译者注

048 重要人生经验：
千万不要在不爽的时候去理发

你很伤心？生气？情绪崩溃？去拥抱他人吧。或者做我们写在 112 页的那些事（"让事情变好的简单方法"）。然而，在任何情况下，你都千万不要约发型师，因为接下来发生的事会让你追悔莫及。

请把你绝对不想要的发型画出来。

049 对了，你最好也别去文身

因某事而消沉？你应该去做个新文身！不过要等到你不再被愤怒、悲伤及其他各种充满评判的情绪困扰时再去。

把终有一天你想文到身上的图案画出来吧，注意，不是现在去啊。

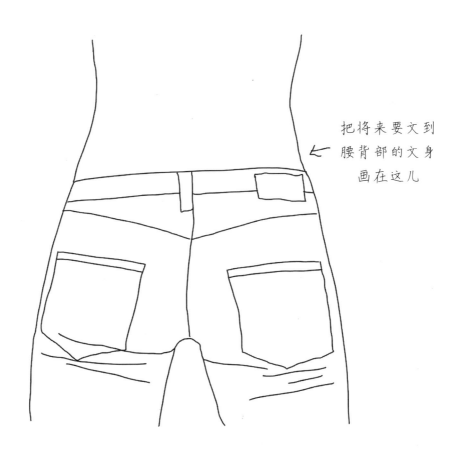

← 把将来要文到腰背部的文身画在这儿

050 业余选手才在床上睡觉

每一位焦虑星人都知道，失眠就是你的全职工作：从早上睁眼开始你就在为晚上睡觉做准备了，并且会规划好下午和晚上的活动来确保晚上能获得最好的休息。下午三点以后绝不喝咖啡！瑜伽！冥想！把扰乱大脑的那些琐碎小事都记在你室友送的极简主义记事本上。对了，她送你礼物是因为再也无法忍受你半夜三更像个喝醉酒的僵尸一样在家里晃荡。

终于，到了晚上。你睡着了吗？

见鬼去吧。对于失眠症患者来说，对"睡觉时间"更为精准的表达是"极度兴奋时间"。在床上是没办法睡着的——幸运的是，第二天，你总能在各种不恰当的场合昏睡过去。

那些你能睡着的地方

开一个重要会议时

在公共交通工具上，就在到站前两分钟睡过去（理想状态下，最好坐在一个长得像史蒂夫·布西密①的人旁边）。

恰好在电影演到精彩之处前

在侄女的钢琴独奏会的木头椅子上

随手记

你最近在哪里突然感到睡意大发？

_____

睡眠效果如何？

_____

_____

① 史蒂夫·布西密（Steve Buscemi），美国演员，以擅长出演古怪另类的边缘角色著称。——译者注

051 圈出你尝试过的各种防汗怪招

出汗！这就是生而为~~野兽~~人很自然的现象。每个人都出汗，只是其他人不像你那么多。

各种全天然体香剂

刮毛

在出汗的地方涂柠檬汁

尽量不动

高科技吸汗衫

防汗护甲

052 画出你潜意识里的秘密

画下来。对，就是它，提笔来画！

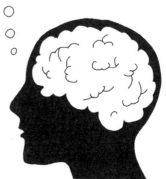

053 即将崩溃之时，如何冷静下来

你是否曾经历过颇有压力的情境（比如，在演讲前 15 分钟 PPT 被彻底删除了，电脑还罢工了，因为你可能一气之下砸了它），接着你的身体就出现了自然反应（大口喘气），但旁人还指导你要"专注呼吸"？这种建议真的毫无用处。

这时，你可以：

呼吸

并不是因为有人告诉你要呼吸才呼吸。那些只会告诉别人要专注呼吸的人，不该得到任何积极的鼓励。你要保持呼吸，是因为这是在用科学的方式"忽悠"身体，告诉它一切都很好，哪怕你正在被一只北极熊追着跑……当你深呼吸时，大脑中的含氧量会增加，并激活你的副交感神经系统。要相信科学！

在手腕上淋冷水

手腕里有我们的主动脉，所以让它冷下来就可以让身体的其他部位也冷下来。换句话说，你是真的冷（静）下来了（抱歉用这种方式）！

吃嘎嘣脆的东西

咀嚼会缓解下颚的紧张感，并且让你幻想你正在用牙齿把你仇敌的骨头都嚼碎。吃胡萝卜很不错，但是如果你真的砸了电脑，就去找点薯片吃吧。

细嗅咖啡

闻一闻咖啡。它能帮助你减少上面说到的压力荷尔蒙水平，而且你还可以喝上一点（别太多，不然你会更不安的）。

从 100 开始倒数

这比你想象的难，并且能强迫你的大脑专注于不会让你恐慌的事。

吃巧克力

它会调节你的皮质醇（又名压力荷尔蒙）水平。况且，它还很好吃。

注意你的下巴

你是不是正咬紧牙关，就像一条罗威纳犬叼着一块肘子肉？快停下！

这是肘子，不是一只疲沓嘴歪的熊猫

054 真正重要的事

孩子

父母

祖父母

免费食物

小猫

找到一个你真正喜欢的人（不可能是所有时间，但大部分时间还是喜欢的）

小睡一觉

意识到生命中很多事不如你意，若不满，就发个狠去——修正它们

如果~~人们~~你自己觉得你超级酷

刻意练习

韧性

你刚下单的草莓冰淇淋里有没有真的草莓在里面，如果没有，那这就是骗人的

水压

为那些无法为自己发声的人伸张正义

这个地方：

这个人：

只有我能理解的某个东西：

魔法

055 当你认识新朋友时，你实际看起来的样子 vs 你认为自己看起来的样子

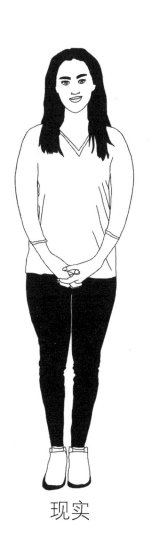

现实

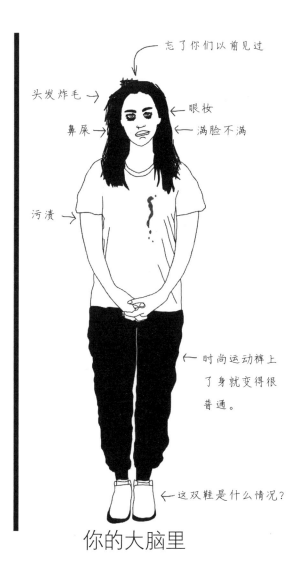

忘了你们以前见过

头发炸毛 →

← 眼妆

鼻屎 →

← 满脸不满

污渍 →

← 时尚运动裤上了身就变得很普通。

← 这双鞋是什么情况？

你的大脑里

056 涂色：美味的纸杯蛋糕

来一个吧！

057 做点有意义的事

每当我们感觉糟透了，我们能做点什么吗？别在脑海里循环播放自己是多么糟糕 / 无趣 / 愚蠢等想法了，不如为其他人做点有意义的事。

以下是一些建议：

- 真心实意地告诉某人他的工作很出色；

- 做那些本该是你的孩子 / 伴侣 / 室友做的家务事，让他们可以利用这些时间做点别的事；

- 在星巴克为排在你身后的人买单；

- 衷心赞美一位陌生人；

- 帮你的邻居扔垃圾；

- 在杂货店让其他人插队排你前面；

- 哪怕你要迟到了，也为别人按住电梯门；

- 收拾一番，把你不用 / 不需要的东西捐掉；

- 如果付得起，就给一次超额小费吧；

- 给一位心情低落的朋友写邮件，告诉他 / 她为什么你爱他 / 她；

- 给你的母亲打电话，倾听，别急着挂电话；

- 诚心诚意地给过去你曾经伤害过的某个人道歉；

- 问问收银员／出租车司机／理发师他们的生命故事，无论他们讲多久，都认真听他们的回答；

- 为一些家庭拍照，多拍几张，让他们可以从中选出自己最喜欢的；

- 随机在不同角落藏点零钱，让需要的人能找到；

- 送某个朋友几本你喜欢的书；

- 帮一位老年人把他的购物车推回到车架上；

- 留意商店里导购员胸卡上的名字，用这个名字称呼他／她；

- 随着车里收音机的音乐起舞，举止像个怪咖，如果有其他人看你，你就向他们微笑，并继续跳，我保证这会让路人们也笑起来。

058 如何应对：你已经和某人道别，又尴尬地发现你们是去往同一方向

简单干脆地结束对话，是世上少有的几件更令人满意的事。

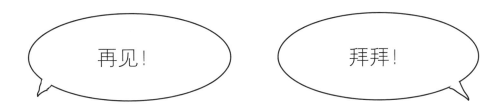

太棒了，你搞定了！你现在可以接着思考作为成年人要不要网购点给小朋友喝的酸奶，或刷手机看看咱们美国总统又搞了什么幺蛾子。

但是，等等。

天哪！

不是吧！

你们俩怎么还在一条道上！不知道还要同行多远，对方看样子也不想再和你说话了，你要么没话找话一路尬聊（"看来我们是同一个方向啊，哈哈哈哈"），要么可以试试以下的方法。

你可以：

1. 走得超级慢，或者超级快！

2. 跑起来！

3. 定格不动！人类只会对移动的物体或闪烁的屏幕起反应，如果你不动，只发出哔哔声或者新信息提示音，他们就会无视你这个人。

4. 走在对方身后几厘米的位置，直接踩在他们的脚印上，让他们感觉你呼出的气都吹在他／她的后脖颈上。如果你想突然发出叹息声，不要犹豫。这么干完，此人这辈子都绝不会想走在你附近了。

5. 开始哼唱《独自一人》①，希望他们能领悟到你的点。

6. 痛苦尖叫，突然倒地，然后戏剧性地从鞋子里倒出"玻璃渣"来。如果你想流就能流出来血，那当然可以来点儿。

7. 假装接起一通电话。

8. 假装在和别人通话。

9. 假装在线等别人接另一个电话。

10. 真的打个电话出去。

11. 假装走另一个方向，但包抄到对方前面，躲在灌木丛里，然后突然跳出来，大喊："惊不惊喜，意不意外，混账东西！"

12. 直接就地坐下，不再前进。

———————

① 歌曲英文原名为 *All by myself*，字面意思即独自一人，由著名加拿大女歌手席琳·迪翁（Celine Dion）演唱，我打赌你听过。——译者注

059 连线：对意义不明的梦境做出（所谓的）解读

探寻昨晚你梦见头皮屑满天飞的四胞胎吃着玉米脆饼（可能）意味着什么。

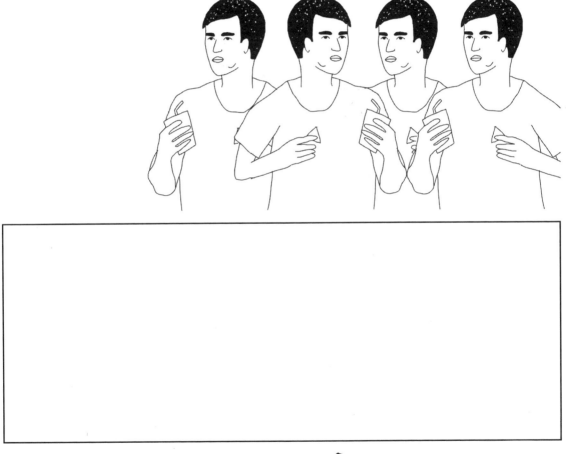

把你的梦境画下来 ⤴

梦中的事物

1. 食蚁兽
2. 头皮屑
3. 恶魔之婴
4. 假牙
5. 人吃人
6. 耳塞
7. 鳗鱼
8. 腰包
9. 担任公职
10. 纸巾
11. 大大的耳垂
12. 圣母玛丽亚
13. 蛋黄酱
14. 玉米脆饼
15. 旱金莲
16. 俄罗斯套娃
17. 纸袋子
18. 停车券
19. 四胞胎
20. 唱片机
21. 扇贝壳
22. 闻你的胳肢窝
23. 晒痕
24. 洗手
25. 山药
26. 雪人
27. 真假声交替歌唱

与梦中事物对应的所谓意义

A. 性
B. 寻求被接纳
C. 利弊分析
D. 新项目带来的焦虑
E. 感官享受
F. 层层包裹下的真相
G. 不被允许的欲望
H. 在理性与感性间寻求平衡
I. 想要暂停休息
J. 爱国主义
K. 不诚实
L. 失望
M. 内疚
N. 对商业交易的保密和谨慎
O. 循环
P. 发源地／子宫
Q. 社会地位
R. 低自尊
S. 女性力量或唯物主义
T. 想要放下过去，重新开始
U. 联结身心
V. 接受后果
W. 隔离
X. 承诺做某事
Y. 感觉不在合适的位置，不契合
Z. 被评判
AA. 处于混乱又麻烦的时期

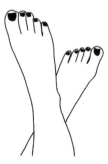

　　注：根据网站 DreamMoods.com 的说法，它们用了非常科学的评估工具得出结论，比如："在梦里敲木琴预示着你在担忧自然环境。"

　　答案见书后。

060 如果这个迷宫都能通关，你将事事所向披靡

　　走通这个迷宫，就像是再看一次电影《盗梦空间》的感受：精疲力竭地徒劳尝试，最终只会让你头晕眼花。

开始

结束

　　剧透：这个迷宫没有出路，就像为挤满一辆大巴的乘客唱《科帕卡巴纳》[1]，这歌不可能让大家都高兴，这游戏你也不可能赢。

---

[1] 歌曲原名为 *Copacabana*（*At the Copa*），是 20 世纪 70 年代的一首金曲，歌名来自纽约一家著名夜店，歌词改编自一个真实的悲情故事：一个在酒吧夜场秀工作的女孩劳拉，男朋友是酒保，女孩被黑手党老大看中，因此导致男朋友被杀害。——译者注

061 涂色：安详的老奶奶

062 如何与他人共乘一部电梯

与别人一起被关在一个金属盒子里或许是人生中最难忘的时刻之一——真的无比尴尬，尤其是你记得自己见过对方，却死活想不起是在那次你长疥疮的夏令营认识的，还是在那次你喝多了，还有熏肉摆盘的公司圣诞午餐会上认识的。

你可以这样撑过去：

读电梯面板上的词："楼层""3""报警"。慢慢来。①

让你手里的东西叮当响。

花点时间，认真思考一下这个你把生命托付其中的机器运用了什么物理原理。

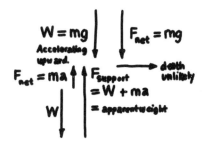

---

① 下图是美国一档培养儿童阅读兴趣的教育节目《阅读彩虹》（*Reading Rainbow*）。——译者注

尝试想起李白的诗句，除了"飞流直下三千尺"还有什么？等等，确定不是"九千尺"？

我最有把握的一句：_____

嗯，如果在电梯里贴
这种壁纸，还蛮酷的。

画下来 ➞

面朝这边对着电梯

看着手机，呈 45 度角，这
样除了你没人能看到其实
你的手机已经没电了。

另一种选择：面朝那边对着
电梯

还记得电影《生死时速》里的经典场面
吗？电梯电缆突然被炸断，基努·里维斯
演的主角需要在最后一刻前救出电梯里的
每个人。假装你和其他人站在那部电梯
里，就在电缆断裂的前一刻。

063 画出你的指甲看起来什么样

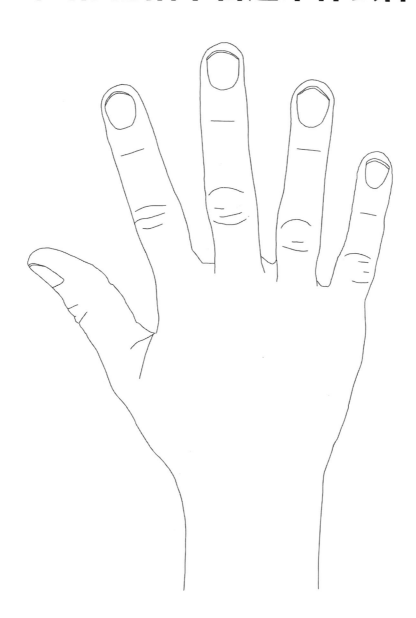

064 除了啃指甲，你还可以做些其他的

在各种焦虑行为里，啃指甲绝对能排上号。你显然已经这么干过了，并且也知道自己需要停止这种行为。如果你想在啃指甲之外，寻找下一个强迫行为来组合使用，以下或许是你可以尝试的方法。把你想尝试的都打上钩。

□ 把毛衣上起的球都揪下来，每次揪一个。

□ 用棉签把耳垢掏干净。你确定你都掏干净了吗？再检查一遍。

□ 把你身上所有散乱的毛发都一一拔干净。

□ 找到每一个小痘痘，哪怕极其微小、毫不显眼，也把它挤掉。

□ 请忽略你现在看起来更糟糕的结果。找到你的重要他人，把上面这些事情也对他们做一遍。

□ 在视频网站上搜索展示有人做这些事情的视频。

□ 给自己录制做这些事的视频，并发到网上。

□ 用牙签梳理头发，找到散落的头皮屑。

□ 尽你所能，对准你的每一个手指缝，迅速戳一把刀。

□ 看福克斯新闻频道。

□ 给通信服务商打热线电话，尽力促成一个高效对话，并最终达成一个令人满意且双方同意的结果。

□ 咬你的脚趾头（这样同时还能改善你的柔韧性）。别让其他人看见你这么干，因为画面超恶心。

□ 给你需要列的清单列个清单。

□ 和你爱的人一起逛宜家。

注：尽管这些事情都是些馊主意，但实际上真能帮助你不再啃指甲。

065 六件比你的信用评分还没下线的事

小孩的憋尿能力

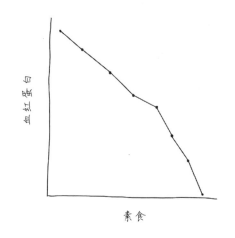

一个严格素食者的血红蛋白水平

想想你的视频网站会员费，因为你还在用前任的账号密码看视频。

每个男人得了流感后的表现

船袜的高度

二手车商为你的车开出的报价

　　以及你愿意和一个在文艺复兴节上扮演亨利八世的人聊天的时间、你玩保龄球的平均分、茶所含的卡路里、美国阿肯色州吉尔伯特小镇的常住人口数。

末日
即将来临

066 如何自制一个地下掩体

在地下挖个洞，匍匐着才能爬进去的那种。在里面待几年，不用和人交际，也不会收到新闻提醒。如果你偶尔会有这样的愿望，那我要告诉你个好消息！你可以买到一个这样的地下掩体，甚至在网上下单就行！

坏消息是，一个"经济实用版"的地下掩体就会花费你超过 30 万（这笔钱你可以买到 11 260 罐加拿大进口的 Tums 高钙咀嚼片，还是热带水果味儿的，这同样算得上靠谱的投资）。但如果你主意已定，希望有一个自己的据点，可以让你在遇到自然灾害时自我隔离，或在姻亲来访时消失不见，那你可以自己动手建造一个。

方法非常简单。

你需要：

1. 政府发放的各种建造许可证；

2. 挖掘机一台；

3. 了解这一地区天然气、辐射及松软泥土的分布情况；

4. 空气过滤系统；

5. 可堆肥的厕所；

6. 带旋转凸轮闩锁且具备高抗冲击力的混凝土浇筑钢外壳防爆门；

7. 有一个周圈有滴水檐的防爆舱盖，你需要根据地堡的面积计算出回填土的深度，并选择合适的防爆舱盖高度；

8. 预设超压阀、差压表和管道套件；

9. 一个备用手动泵，以防其他一切设备停止工作；

10. 拥有工程专业学位的人；

11. 懂得储藏方法的人；

12. 懂得维护方法的人；

13. 懂得如何建一个不会垮塌的屋顶的人；

14. 懂得如何在一个危险的、不可忍耐的环境中维持生命的人，在这种环境中通常都不可能呼吸、视物和生存。

另一种选择：

去运动超市买一顶一抛即开的帐篷，抱着自己的毯子和 iPod 钻进去，然后循环播放歌曲《四海皆一家》(*We Are the World*)。

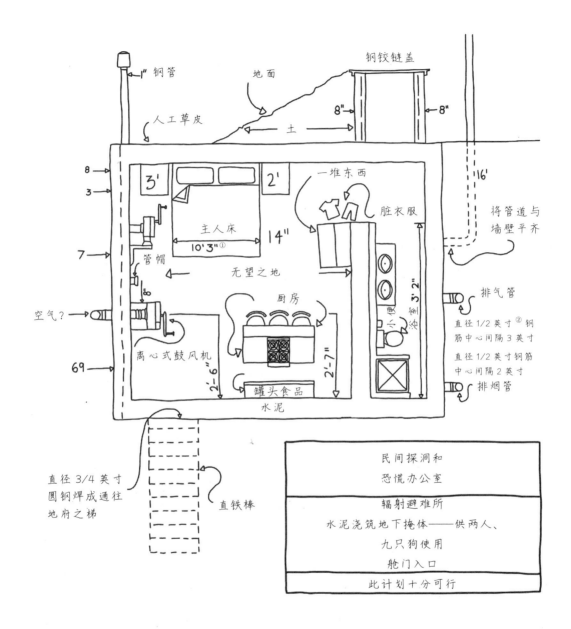

① 10'3" 代表 10 英尺 3 英寸，约等于 312.42 厘米。——译者注

② 1 英寸 ≈2.54 厘米。——译者注

067 被困网约车，手机没信号

　　太糟糕了。不过至少你还有这本书在手！让你那整整 10 分钟都无法盯着闪烁屏幕而变得悲伤又空洞的大脑得到一些抚慰吧。

1. 想一想你的精确经纬度定位刚才是否已通过卫星上传到某个数据收集站。想一想在卫星数据监控中心是否会有一个人在乎你在哪儿，以及是否有任何人会在乎你在哪儿。再想想你是否记得关掉了咖啡机。

2. 将你的个人特质和你所记得的关于自然进化论的内容相对比，以确定你的基因是否还有可能延续给下一代。

3. 把你的手机放在耳边，时不时说一句"真的吗"，好让司机知道你还有认识的人。

4. 找到司机的名字和证件号"以防万一"。在你的胳膊上用记号笔写下来，以便万一将来警察找到你的尸体时，你能给他们指明线索。

5. 想一想司机到底是在抄近路，还是正在把你带往一个仓库，里面有个浴缸装满了运动饮料。

6. 刷新你的朋友圈动态，这样你可以在第一时间知道信号是否恢复了。再刷一次，接着刷。确保你什么都不会错过。

068 关于洗手液的那些安慰人心的事实

洗手液简直是神奇的灵丹妙药，让数不清的人能够摸过地铁上的扶手而不死去。如果你就是那个靠一己之力支持普瑞来[①]家族跻身福布斯富豪榜前 100 位的人，以下关于洗手液的事实会让你更加满意你合理合法的人生选择。

- 它能杀死结核杆菌，也就是引起肺结核的细菌。诚然，弗雷德里克·肖邦、约翰·济慈、埃德加·爱伦·坡都得过肺结核[②]。你要是也得了，那你的确离成为"被别人的喷嚏传染而备受煎熬的天才男人"又近了几厘米。但如果用了洗手液，你就能告别第 10 086 种压力——因病离开人世而再也不能买买买了，所以，干吗不好好用洗手液呢？

- 洗手液被疾控中心推荐为关照健康的基本措施。疾控中心对于防止恐怖疾病传播可是很上心的。

- 使用酒精浓度超过 60% 的洗手液并不会促进超级病菌的产生：它杀死病菌的速度远快于病菌进化出耐药性的速度。这可是好消息，因为超级病菌的产生恰恰是因为不注意卫生，没有使用洗手液。

- 洗手液也是为数不多的、每个人都觉得可以让小婴儿用的东西，这肯定意味着些什么，你懂的。

---

① 普瑞来（Purell），闻名全球的洗手液品牌，占北美约 70% 的市场份额。该公司以开发美国第一个免洗手部清洁产品闻名。——译者注

② 原文如此，疑有误，爱伦·坡的多位亲人死于肺结核，但其本人死因不确定。——译者注

- 洗手液中的乙醇是通过破坏细胞膜，使得细菌细胞里的蛋白质变性而发挥作用的。说人话：能够把那些薄壁细胞杀死真是个好消息。猜猜什么细菌是薄壁的？大肠杆菌，崩了它们！

- "全天然"成分的洗手液通常也意味着效力降低，作用减弱。因此，你完全不用因为买了沃尔玛自有品牌的洗手液，而没有用苋菜油配霍格沃特[①] 精油自制洗手液感到惭愧。

---

① 霍格沃特（hogwart），作者在这里应是借用《哈利·波特》中魔法学校霍格沃兹的名字。——译者注

069 涂色：洗手液"女神"

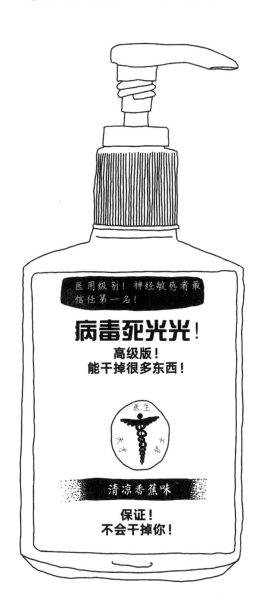

070 让事情变好的简单方法

不是所有方法都会对你有效，但总有一些或许能行，把你喜欢的点子圈出来吧。

听首老歌

手工编织

点一个很贵的蜡烛

放空一分钟

打扫房屋

做快手甜点

玩拼图

来上一杯花式
咖啡

带狗狗去散步

把前任从手机里删掉

装点上圣诞节彩灯

吃影院爆米花

吃奇多妙脆角

撸猫　　　去图书馆

烘焙

洗个澡

翻看小时候的照片

拉伸 15 分钟

自由书写

躺在草坪上

窝在床上喝杯茶

读一本纸质书

开车兜兜风

穿上刚从烘干机里拿出来的热乎乎的运动裤

071 选一颗星，许一个愿

072 庆幸吧，你没生活在 18 世纪

如果你生活在 18 世纪的伦敦，那么泰晤士河就会同时承包你的饮水和排便需求，可真是高效！让你值得庆贺没有早生几百年的理由如下：

没有污水处理系统（RAW SEWAGE NEXT TO YOU）

洗澡和刷牙不重要（NOT BIG ON BATHING OR BRUSHING TEETH）

神秘的手术器械（ARCANE SURGICAL INSTRUMENTS）

神秘的手术程序（ARCANE SURGICAL PROCEDURES）

外科医生是理发师兼任的（SURGEONS ACTUALLY JUST BARBERS）

马身上一湿就很臭（WET HORSE SMELL）

在水里排便（POOP IN WATER）

抓不完的虱子（SO MUCH LICE）

相信吞水银可以治虱子（BELIEVE EATING MERCURY CURES LICE）

使用夜壶（CHAMBER POTS）

有霍乱（CHOLERA）

没有卫生巾（NO TAMPONS）

有天花（SMALLPOX）

没有健怡可乐（NO DIET COKE）

有伤寒（TYPHUS）

没有记忆棉床垫（NO MEMORY FOAM MATTRESSES）

要戴假发（WIGS）

没有视频网站（NO NETLIX）

没有卫生纸（NO TOILET PAPER）

没有冰箱（NO CHILL）

没有腋下除臭滚珠（NO DEODORANT）

```
E H T F V A O Z L Q J U K T J B E F D V B J S M K P Y O F S R
I C P E P R K N K F F Z I N A H G Q O L V D R L V W O S N S R A
N Q I A X U H H O A W V T R P H V D Q B J G E G P Z C N S E W
B O X L Q I S U R M H T E E T G N I H S U R B R O A E O E W S
T H D S S J L E C L E T P S D G P T J W E X R G J M N Y K S S
T H D S S J L E C L E T P S D G P T J W E X R G J M N Y K S S
T I D X G O O R V T W K B O K Y Q A U I A C X B R S A D T I A
Y E O J H D S U N E M L Z R Q S B O B F P E T N O X N S B A
K J P C N F O I C I N L R T Y E W C U A J S S L M N B A O O
Y Q L U W T P R L Y F O M F N F Z W A Q N D U M U C Q L U E
T D L V H O O F A P R K N O F N O C H I L L J K C P X N H P
Q N A H O G J X T N J U T Z R C T A L O U W Y K H E O H P E
Q K M P F T O N O X T B C X N V O A M T Q I L P L A D L X T
P Y S V G D G C A C I U P R G G C U H M G L K I X S D P T
O G P I R I M H F G Y A U R E I B J W I A S A R C D A V P T
N Z Z D E Y R C O H D J N W G M E Z K B D T U W E Z E O M O Y
R S P V P T O N C N F N D R S W G E S N U O T S Q P T K T Y
V O Z M A P B N J L L F U X I L J N O P K J C R T I Z R K O
T C L A P A N J F C B S N R I V L D I J C L A T E Y Z C A U
J Z T O T C H A M B E R P O T S I E V T A T S I F S P T A G
J V L H E H Q G V N N B X G U E N M M W A Q N N V U S H D Q P
E C I L L E D L A Z E R O W T F U X Y S V E O P S W D E U P
E N N Q I D T C H D D D L C U H Y N G C E C E J Y P F N S S
G K Y H O F R T O Q S N O P M A T O N U I S G V I F U K C S Y
T L N K T A D D B Y I K J E S E R W E O O M R V E G S S F B
Q W Y J O N K J N D E O C Y J P A D R W Q F U O A I M H I U
W Y U I N C H Z G W S A O B X D N T N R B W S C H H L J T I
A R C A N E S U R G I C A L P R O C E D U R E S G T R E M M
C J S B Q G T V W H T Y O F D M W T P D C X Y B Z O E H B F
A G W R D I N O P E T R Z Y C A U D R A A Z S J Z O V W V N
```

随手记

以及这些理由：_____

_____

073 你的理想周末里有什么？
圈出来吧

舒适又懒散的
运动套装

不刷朋友圈

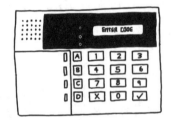

家庭安防系统

很多卫生纸

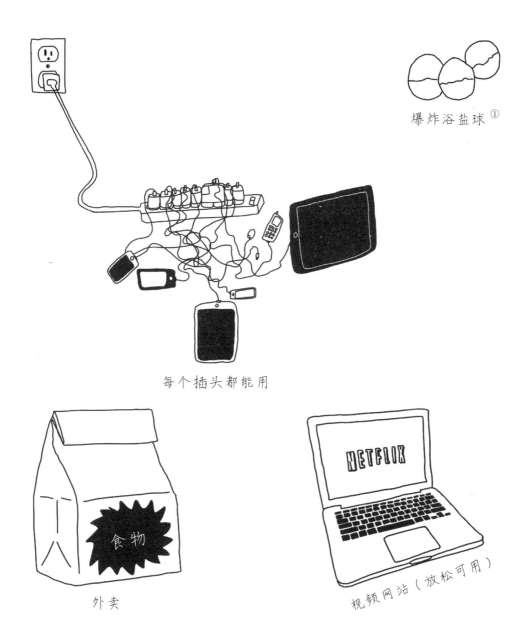

爆炸浴盐球①

每个插头都能用

外卖

视频网站（放松可用）

---

① 爆炸浴盐球（bath bombs），含有碳酸成分，放入水中会迅速产生气泡，所以也被叫作沐浴盐炸弹。——译者注

074 Top5 排名：令人平静的事物

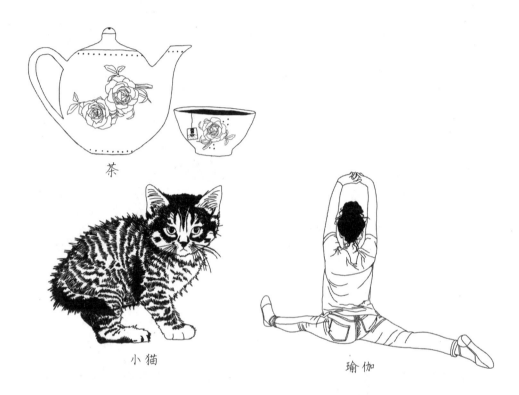

茶

小猫　　　　　　　瑜伽

1. _____
2. _____
3. _____
4. _____
5. _____

075 闭眼走迷宫：避免眼神交流

无论去哪儿，你都能碰到人。人可真不少啊。他们看着你时，还希望你能有回应。如果眼神交汇——哪怕是不小心，他们或许就会进一步和你交谈，这简直难以忍受。

请花足够的时间，仔细看看下面这幅画，然后拿起一支铅笔，闭上眼睛，看看你能不能顺利地穿过办公室回到你的床且在中途不会撞上任何想要跟你打招呼的人。

076 这些事真的存在

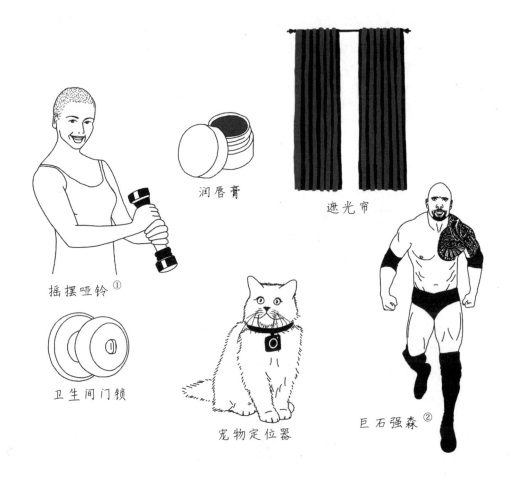

润唇膏

遮光帘

摇摆哑铃 ①

卫生间门锁

宠物定位器

巨石强森 ②

---

① 摇摆哑铃（shake weights），是一种动态哑铃，据说可以比传统哑铃获得更好的锻炼效果。——译者注

② 一般指道恩·强森（Dwayne Johnson），在中国他常被称为巨石强森。美国男演员、制片人，出演多部动作片，以硬汉形象闻名。——译者注

随手记

还有这些事物也让我的心如格林奇 ① 一般被感化了：

_____

_____

_____

_____

---

① 格林奇（Grinch）是电影《圣诞怪杰》中主角的名字，他非常痛恨圣诞节，为了不让人们过圣诞，他把所有圣诞礼物都偷走了，最后一个纯真的小女孩感化了他冷漠的心。——译者注

077 填空编故事：末日将至

把这一页递给朋友，请他提示你填空，然后把你的伟大创作大声念出来（和前面的游戏一样，在空白处朋友只念提示词）。

今早起来，我立刻注意到我的＿＿＿（宠物）在＿＿＿（动词）。好诡异。然后我意识到我房间里所有的＿＿＿（名词）都在＿＿＿（动词）。我听到一声巨大的＿＿＿（声音），我开始＿＿＿（动词）。突然，＿＿＿（某个人）跑过去，尖叫着："＿＿＿！"（咒骂的话）

"发生什么事？"我问道。

"一个＿＿＿（形容词）＿＿＿（名词）已经从＿＿＿（某个水域）＿＿＿了（动词）！它开始吃所有的＿＿＿（名词），然后把＿＿＿（一栋著名的大楼）用它的＿＿＿（身体某个部位）毁到粉碎。"

就在那时，我听到一声＿＿＿（声音），一辆＿＿＿（某种车）出现了。坐在驾驶座上的正是＿＿＿（某个名人）！他／她说："＿＿＿（命令）！"于是我就上了车。他／她递给我一个＿＿＿（名词），这东西立刻开始＿＿＿（动词）。我们捡起了更多＿＿＿（名词），是时候逃离了。

"我们在＿＿＿（星球）上建了一个殖民地！"＿＿＿（同一个名人）说道。＿＿＿（某个名人）和＿＿＿（家庭成员）已经在那儿了。他们用很多＿＿＿（名词）建起了一个＿＿＿（某种建筑物）。我想把我们的新家叫作＿＿＿（名词）（事实上，这听起来还不赖）。

078 Top5 排名：自然灾害来临时的生存计划

找到像《行尸走肉》中达里尔[1]那样的角色，并和他成为朋友。

套上巴拉克拉瓦帽[2]，遮住脸部只露眼鼻，带上防寒耳罩，然后对一切置若罔闻。

享受片刻的虚拟人生。

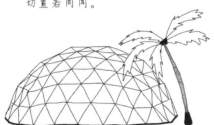

找到一个自然生态馆，进去就别再出来。

1. ＿＿＿＿＿＿＿＿＿＿＿＿＿＿

2. ＿＿＿＿＿＿＿＿＿＿＿＿＿＿

3. ＿＿＿＿＿＿＿＿＿＿＿＿＿＿

4. ＿＿＿＿＿＿＿＿＿＿＿＿＿＿

5. ＿＿＿＿＿＿＿＿＿＿＿＿＿＿

---

① 达里尔（Daryl），是美剧《行尸走肉》（Walking Dead）里的人物之一，擅长追踪，也非常适应野外生存。——译者注

② 巴拉克拉瓦帽，就是我们常在电影里看到的那种抢劫犯头上戴的、只有眼睛和嘴露在外面的帽子。其发源于克里米亚（Crimea）地区的巴拉克拉瓦（Balaclava）。由于气候寒冷，当地居民都戴着这种帽子以保护脸和脖子不受到寒冷和强风的侵袭。——译者注

079 涂色：引起恐慌的浴室

毛发！一簇湿发！头虱膏！空卫生纸架！

080 宾馆房间里的地毯：恐怖培养皿

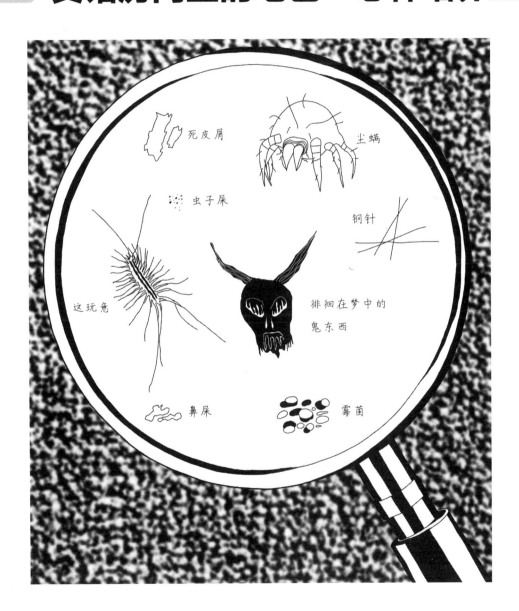

081 字母重组游戏：酒店房间里细菌最多的地方

酒店房间很恶心，这是无法回避的事实。请你吸取我们的教训，千万不要去搜索"酒店房间干净吗"，结果只会让你感觉更糟。

下次住酒店时，请你尽量避免以下这些滋生细菌的温床，并且记得带湿纸巾！

关灯开（GLITCH WHIST）_____

话电（HELOT PEEN）_____

海洁员宝洁绵清的（SPOKESPERSON EUGE EH）_____

啡咖壶（EFFECT OOP）_____

杯水（KNAGGINESS DIRLS）_____

控器摇（EMOTER）_____

单床（BARED PEDS）_____

注：如果你看完本页心有余悸，赶紧翻到 109 页去看看关于洗手液的那些安慰人心的事实，并请记住：无论你身处何处，世界都可能有令人恶心的一面，而绝大部分人在酒店里住上一晚是不会染上艰难梭菌 [①] 的。当然再一次强调，你要记得带上湿纸巾。

答案见书后。

[①] 艰难梭菌（C.diff），可产生两种毒素：肠毒素和细胞毒素。肠毒素会导致肠道大量失水和出血性坏死。细胞毒素会导致局部肠壁细胞坏死，有直接损伤肠壁的作用。——译者注

082 涂色：牙医诊所

　　为什么牙医不在自己诊所的天花板上安个电视，让患者可以刷刷肥皂剧，忘却现实？为什么牙医偏要让患者每一刻都体验着冰锥般的钻头在侵蚀他们的牙龈？牙医似乎就想你躺在那儿，让你孤零零地和你的思绪还有吸口水设备发出的嘶嘶声待在一起，并让你的嗓子最深处慢慢积蓄起血水。

给这幅恐怖乐园涂色吧！

083 可怕的牙医工具

把下面折磨人的仪器和它们对应的名称配对吧——光是这些玩意儿的名字，就会让你战栗、哭泣，或者战栗着哭泣。

1. 牙科扭力扳手　　　　　　　_____

2. 舌拉钩　　　　　　　　　　_____

3. 牙科探针　　　　　　　　　_____

4. 牙科注射器　　　　　　　　_____

5. 颊拉钩（又称开口器）　　　_____

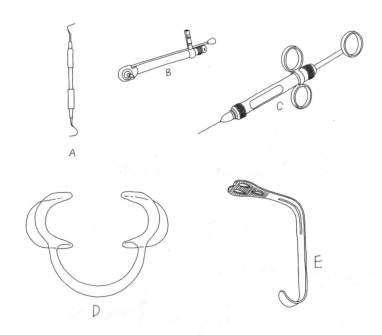

注：答案见书后。

084 那些我不怕的事

如你所知，你就是个了不起的家伙。花点时间想想那些不会让你焦虑的事，或者让你曾经感到困扰，但现在已经不害怕的事（不得了啊）。

我曾经害怕：

1. _____
2. _____
3. _____
4. _____
5. _____

我肯定不怕的事有：

1. _____
2. _____
3. _____
4. _____
5. _____

085 画出你的未来

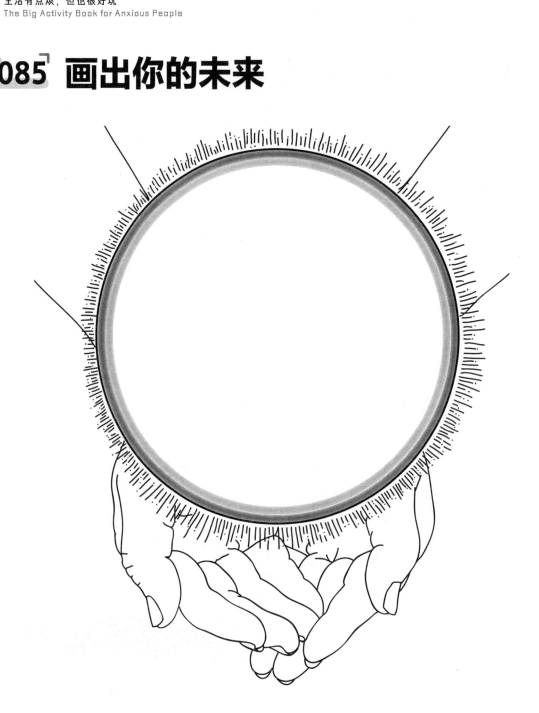

086 涂色：离奇的死亡事件

希腊哲学家赫拉克利特，用牛粪涂遍全身，接着就被野狼分食了。

被称为"刚勇王"的英格兰国王埃德蒙二世在马桶上出恭时被刺杀身亡。

瑞典国王阿道夫·弗雷德里克在享有一顿包括龙虾、鱼子酱、烟熏鱼和香槟的大餐之后，又吃了14道甜点，把自己撑死了。

威廉·斯奈德，在13岁时，被小丑抓着脚踝转圈，并因此死亡。

087 当全球食品短缺时，你还能吃什么

我们已被那些诱导性的选择淹没：麦当劳还是汉堡王？萨尔萨酱还是墨西哥凉拌酱？无麸质亚麻籽烤面包片配牛油果水波蛋加微型菜苗与匈牙利甜辣椒粉，还是其他名字短得多的食物？

好消息（或坏消息）是我们很快将面临全球食品短缺！在不远的将来，所有同质化栽种的单一作物都会因为真菌引起的粮食病害以及全球蜜蜂数量的不断下降而不可存活。那时我们就只能赤脚站在草丛里，一边嚼着蟋蟀，一边想到底是哪里出了问题。

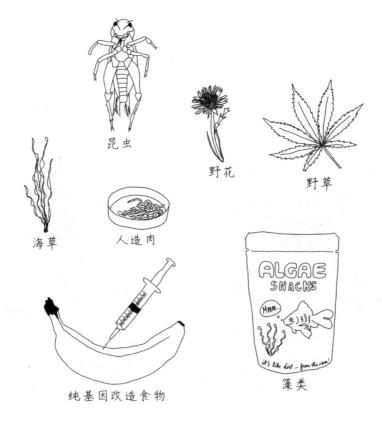

昆虫

野花

野草

海草

人造肉

ALGAE SNACKS
Mmm...
it's like dirt ... from the sea!
藻类

纯基因改造食物

088 焦虑星人应该远离的东西

浮潜

人行道上让人胆战的金属井盖

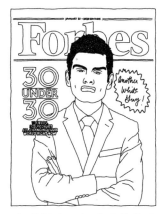

比你年轻又比你成功得多的人

搜索：皮疹

12 杯咖啡

089 连线：让你想起来就做噩梦的 电影场景和电影名

没有什么比看到异形从人的身体里撕裂而出的场景更能让你意识到，事情本来会更可怕的（至少你现在还平安地活着）。

披头散发的女孩从电视里爬出来	《魔女嘉莉》
阴沟里的小丑	《驱魔人》
盒子里装着格温妮丝·帕特洛的脑袋	《灵动：鬼影实录》
喷射而出的青豆汤呕吐物	《惊声尖叫》
电梯里满是鲜血	《变蝇人》
胸腔炸裂	《小丑回魂》
穿着坚信礼礼服的蒙面女子	《宠物坟场》
塞尔达朝着镜头极速奔来	《小岛惊魂》
麦克面对墙壁	《沉默的羔羊》
橱柜里的杰米·李·柯蒂斯	《七宗罪》
猪血浴	《闪灵》
夜视镜跟踪	最恐怖的电影
吉娜·戴维斯生出虫子	《女巫布莱尔》
凯蒂在走廊被拖曳	《异形》
接电话的德鲁·巴里摩尔	《危情十日》
学习"捆住脚踝"是什么意思	《午夜凶铃》

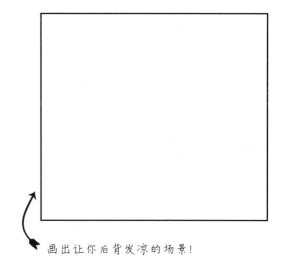

画出让你后背发凉的场景！

090 现在，用这些可爱的小狗狗来洗洗眼

把你的小狗狗画在这儿吧

091 我喜爱的事物

生活让你消沉？有时候想起一些让我们感到开心的事情会让我们感到平静。

把你喜欢的事物列出来吧。

花：_____

糖果：_____

城市：_____

甜点：_____

动物：_____

人：_____

电影：_____

书：_____

酒：_____

朋友：_____

运动：_____

诗人：_____

气味：_____

热带岛屿：_____

沙漠：_____

互动书：_____

092 你内心深处的恐惧，被星座分析证实了

水瓶座

性格：舒缓又温和，或咋呼又令人讨厌（只为了让别人保持警觉）。你有很多好点子，但情绪很糟糕。

专属恐惧症：感受恐惧症，即害怕感受事物。如果你正和水瓶座恋爱，你最好捂好钱袋跑路。如果你自己就是水瓶座，改变吧。

双鱼座

性格：善解人意、直接又敏锐。星座的象征是鱼，而鱼以高情商著称。

专属恐惧症：恐鸟症，即怕鸟，因为你不想被鸟吃掉。

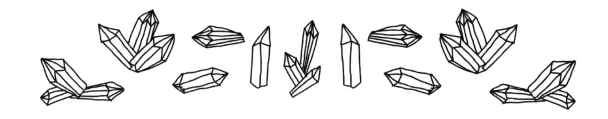

白羊座

性格：固执、热情、果断、诚实，以及没有耐心。换句话说，就像一只公羊。

专属恐惧症：久候恐惧症，这是一种对长时间等待的恐惧。所以你去车管所排队的时候，一定要带上满格电的手机和止痛药。

金牛座

性格：不怕努力工作，只要你能给"努力工作"下个定义。

专属恐惧症：就业恐惧症，即恐惧给别人打工。如果你想做的只是开一家网店，售卖定制的贵宾犬水彩肖像画，任何试图阻止你的人都会后悔的。

双子座

性格：情商高，擅长收集信息，又称八卦狂人。

专属恐惧症：完全与对视恐惧症（害怕照镜子）相反。你会觉得自己太了不起了，并且你认为其他人也应该这么想。

巨蟹座

性格：有创造力，忠诚，但脾气暴躁。

专属恐惧症：电话恐惧症，即害怕通过电话交谈。因为如果你用电话而不是面对面交谈，你就不能通过盯着对方眼睛来揣测他们的心思了。

狮子座

性格：基本上是莱昂纳多·迪卡普里奥那一款，他在很多方面都很符合狮子座的特征。

专属恐惧症：恐老症，即恐惧变老。这就是为什么莱昂纳多总喜欢选那些其实还未到合法饮酒年龄却已经开始喝酒的人做伴侣。

处女座

性格：极端完美主义。

专属恐惧症：恐失败症，即恐惧失败。但你其实从未失败过，所以如果没有恐惧的话，这算是个靠谱的选择。

天秤座

性格：聪明、贴心又无私。

专属恐惧症：孤独恐惧症，害怕一个人待着。祝福你那颗聪明、贴心又无私的小心脏吧。

天蝎座

性格：勇于面对错误的开拓者，哪怕犯错会让人哭泣。

专属恐惧症：亲密恐惧症。你害怕亲密。你喜欢把别人拉得很近，然后又不加解释地把对方粗暴地推开，以此造成对关系中所有人的最大伤害。你太坏了。

射手座

性格：有想象力的漫游者，不喜欢为那些无聊的事情担忧太多，比如责任。

专属恐惧症：幽闭恐惧症，即害怕在密闭空间里。这可以有两层含义，从字面上来说，你讨厌被困在某地，而从深层意义来说，你讨厌被某种关系困住。这让你成为那些喜欢被抛弃的人的最佳人生伴侣。

摩羯座

性格：传统型、中层管理型。你喜欢一切被命名为"基础"的东西。

专属恐惧症：雷切尔·玛多[①]恐惧症，即对雷切尔·玛多感到恐惧。她的自由主义、标新立异的想法让你不寒而栗。

---

① 雷切尔·玛多（Rachel Maddow），知名电视节目主持人，作为民主党人，她也代表着跳脱传统的一派。——译者注

093 属于你的搞不定清单

人人都有搞不定、会害怕的事：比如看到会飞的虫子，听到"潮湿"这类词，吃到放葡萄干的燕麦饼干（又称发挥失败的甜品）。从下面的事项中勾选出属于你的清单吧。

事件	可以搞定	搞不定	暗爽
加油站的卫生间			
制订详细计划			
酒店客房的枕头			
握汗津津的手			
狐臭			
动漫大会			
给祖父母打电话			
直接用包装盒喝奶 / 饮料			
花园里摆的小矮人人偶			
旧衣服			
婴儿的啼哭			
"你喜欢什么音乐？"			
有人靠你太近			
快时尚服装店			
周五早上 4:45			
有人打字的声音超大			

续前表

事件	可以搞定	搞不定	暗爽
有人用咬过一口的食物蘸共享的酱汁吃			
刷微博			
没铺的床			
过气的流行乐队			

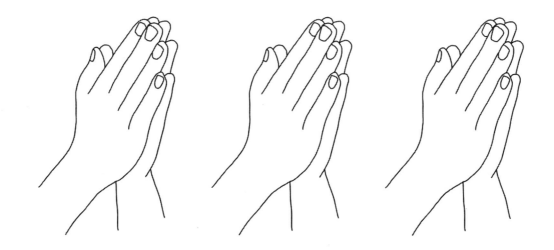

随手记

我最希望这些事情消失：

_____

_____

_____

_____

094 给失眠症患者的活动

资深失眠症患者都会进行一些久负盛名的、促进睡眠的深夜活动：吃、喝、盯着钟看和吃药，这些药要么能让你睡着（好的情况），要么会让你产生幻觉（坏的情况）。所以，偶尔换点别的事做也不错。

1. 做一个床单天使（类似雪天使，趴在床上，手脚伸直张开，上下滑动）。

2. 脸朝下趴在床上，反复睁眼又闭眼，看看枕头上会不会蹭上睫毛膏，或者粘上眼屎球。

蹭到枕头上的睫毛膏

3. 可以考虑自慰，这项活动能让人事后乏力。

仍然可以做到

4. 请人把你卷在被子里，像墨西哥卷饼的样子。假装你是个新生儿，尚不知烦恼为何物，还可以顺便想想墨西哥卷饼多么好吃。

5. 你确定你可以用舌头舔到你的鼻尖吗？赶紧试试。如果你舔不到，那此时此刻就是你开始练习的好时机！

6.打开新闻软件。详细查阅热门文章，并算出由于地震 / 海啸 / 飓风 / 报复性的超自然力量，导致东西海岸陷落到海洋里的概率。关掉你的应用软件。随你心意，每隔几秒再重复来一遍以上步骤。

7.脚趾瑜伽。

8.把你身边人的鼾声分成至少四类。每一类都配上某位名人来代表。

示 例

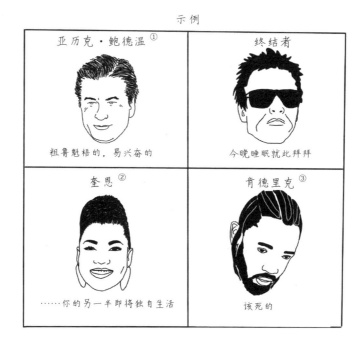

亚历克·鲍德温①

粗鲁魁梧的，易兴奋的

终结者

今晚睡眠就此拜拜

奎恩②

……你的另一半即将独自生活

肯德里克③

该死的

---

① 亚历克·鲍德温（Alec Baldwin），美国演员、制片人，口才了得。——译者注

② 奎恩·拉提法（Queen Latifah），美国著名的女性饶舌歌手。——译者注

③ 肯德里克·拉马尔（Kendrick Larmar），美国说唱歌手。他于2017年出版的专辑就叫作《该死的》（*DAMN*）。——译者注

095 填空编故事：今夜之梦

把这一页递给朋友，他会在每一个空白处提示你，然后大声朗读你的伟大创作（和前面的游戏一样，朋友只念括号里的提示词）。

你正站在＿＿＿＿＿＿＿＿＿＿（体育馆）中央，正要＿＿＿＿＿＿＿＿（动词）＿＿＿＿＿＿＿＿（名词）。突然，你低头一看，意识到自己几乎一丝不挂，只穿着＿＿＿＿＿＿＿＿＿＿（衣服种类）。你听到有人说："＿＿＿＿＿＿＿＿＿！"（感叹句）你抬头看到＿＿＿＿＿＿＿＿＿＿（前任名字）正盯着你，他／她说："我刚和＿＿＿＿＿＿＿（名人）结婚了！"

突然，你坐在了＿＿＿＿＿＿＿＿＿＿（高中学校名称）的课桌前，＿＿＿＿＿＿＿＿＿＿（高中同学）在你旁边。＿＿＿＿＿＿＿＿＿＿（高中老师名字）朝你走过来，穿着一件＿＿＿＿＿＿＿＿（名词），还拿着一张卷子。他／她说："这是你＿＿＿＿＿＿＿（名词）课的期末考，希望你还记得学了什么。"

你跑出房间，穿过走廊，走廊里到处都是＿＿＿＿＿＿（颜色）的＿＿＿＿＿＿＿＿＿（动物）。你的前方，有一辆＿＿＿＿＿＿＿＿（车），你跳了进去，却发现似乎不能启动。你开始＿＿＿＿＿＿＿＿＿（动词），然后＿＿＿＿＿＿＿＿＿（与上面相同的车）变成了＿＿＿＿＿＿＿＿＿＿（另一种车），并且直直地向着涂满＿＿＿＿＿＿＿＿＿（液体）的＿＿＿＿＿＿（名词）冲去。你即将撞上它的那一刻，你身边的一切都消失了，你发现自己在下坠，下坠，下坠，一直坠落到地上〔地上，铺满了＿＿＿＿＿＿＿＿＿＿＿（名词）〕。

还好，你是不会在梦里死去的，正好你也醒了。

早安！

096 把奇怪又乱糟糟的线条变成暖心之物吧

把这团线变成可爱的
动物

把这团线变成美味的
食物

把这团线变成能
开跑的车

把这团线变成自我
关爱的仪式

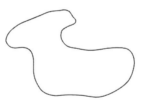

把这团线变成安抚
你的妈妈

就让这团混乱继续
乱下去吧

097 "你今天看起来真棒！"以及其他诚挚的赞美

把你的脸画在这儿

为自己画点花儿吧

- 哇，你看起来棒极了！你是不是决定放弃追逐现代的（不可能的）审美标准，选择接受自己内在和外在原本的超凡模样？你的样子说明了一切！

- 我喜欢你的头发！看起来你要么昨晚玩得很开心，要么就是熬夜完成了一个令人满意的项目。看到你今早出去喝咖啡的时候足足 45 分钟都没有盯着镜子看，这很是令人鼓舞。看起来你现在有比和吹风机在一起更重要的事做了！

- 你看起来休息得很好！我为你感到骄傲，你没有熬夜去研究那些东西。我们都需要时间来休息和恢复自己。你没有把自己逼到极限，而是给自己留了需要的时间，这很好。

- 昨晚你没有喝得酩酊大醉，也没跟着酒吧里那个变态回家，你做得非常好！你在那儿做了很好的判断，你真了不起！

098 连线：事件及其符合逻辑的后续发展

你决定为自己的生日举办一场晚宴。

你冲进超市"只为买一卷厕纸"。

约会时你吃羽衣甘蓝沙拉来显得"可爱"。

约会时你吃意式辣香肠比萨饼来显得"真实"。

你超期未缴保险，因为这些天你觉得自己超级健康。

你去有机食品超市只为买一片面包。

你在办公室上班时，发出声响巨大令人尴尬的声音。

你找到一只走丢的猫咪。

正在餐厅吃饭时，你一直暗恋的名人走了进来。

你把安眠茶喝光了。

那儿空无一人。

每个人都食物中毒了。

噢，老板来了！

到处都是小狗狗。

你花光了银行户头的钱。

余下的夜晚，你都亮着自己超大的塞着菜叶的牙。

余下的夜晚，你的口气闻起来和猪肉运输车的味儿差不多。

为了避免撞上一群小鸭子，你在路上急转弯，撞到了一棵树，并使自己的脸半永久地变了形。

你崴了脚，还掉进了臭水沟。

你被餐厅保安押送了出去，嘴里还喊着："再让我咬一口苹果西兰花抗氧化脆脆能量棒！求求你了，我需要它！"

099 再做一回孩子，把这幅快乐的线条画完成

还记得这些吗？在下面画一朵快乐的小云。记住你是被爱着的（所以不要被雨淋着了）。

100 焦虑自查表 3

今天是：____年____月____日

我感觉：_____

_____

今天最糟糕的事是：_____

_____

为了让自己感觉好一些，我做了：_____

（如果你需要自我关爱的建议，请翻回第 112 页。）

今天我做了让自己很自豪的事：_____

_____

_____

因此，我要犒劳自己：_____

我做的这些事也很棒：_____

_____

_____

我通过做这件事让其他人的一天变得更好：_____

_____

_____

现在回想起来，我觉得自己真了不起。

101 将这些情景标上痛苦值

| 1 | 2 | 3 | 4 | 5 | 6 | 要命 |

_____ 你正在做爱时有人走进房间。

_____ 父母的健康险受益人不再是你。

_____ 刚取了钱，屏幕上正显示你的账户余额。

_____ 记不住你的 App 密码，花了 20 分钟做各种尝试，最后只能重设密码，然后
看到系统提示："新密码不能与老密码一样。"

_____ 最好的朋友签了出版合同。

_____ 刚才看见一只蜘蛛，现在到处都找不到了。

_____ 你的前男 / 女友和新朋友约会。

_____ 你的前男 / 女友得了传染病。

_____ 你的前男 / 女友死了。

_____ 你的前男 / 女友在和超级巨星约会。

_____ 在视频网站上看挤痘痘视频。

_____ 在即兴脱口秀表演现场被拽上了台。

_____ 吃了一块米糕。

_____ 地铁上，身边的人偷瞄你的手机。

_____ 听到哪儿有水龙头在不停地滴水。

_____ 袜子没有一双是配对的。

_____ 休息室里没有咖啡伴侣了。

_____ 拿起一片水果，它的另一面上有霉点。

_____ 填表。

_____ 在 GAP 门店里买东西。

_____ 有人没发信息，直接打电话过来了。

102 从不焦虑的人那儿获得的 "有用"建议

说起你的焦虑，一夜之间，从你的堂姐贾尼斯到便利店夜班收银员爱丽莎都成了专家。以下哪些是你曾听到过的"智慧箴言"，请打钩。

☐ 你试过那种减压漂浮仓[①]吗？特别让人放松。几个小时之内，只剩下你的思绪、宇宙和你。

☐ 研究表明压力会缩短你的寿命。你应该试着别那么紧张。

☐ 我打赌换个新发型能让你高兴起来。我把发型师介绍给你。

☐ 在我参加体能训练之前，我和你一样一样的。

☐ 等一下，我想起来某某医生专门做过一个专题。我帮你在网站上找一下啊，等等。

☐ 我的舅舅就是特别焦虑，结果他死了。

☐ 如果你开始严格素食，你 99% 的问题就会迎刃而解。

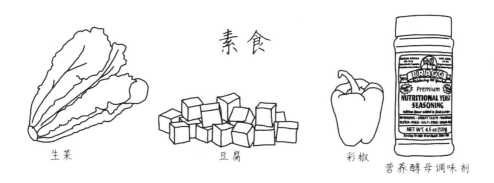

素食

生菜　　　　　豆腐　　　　　彩椒

营养酵母调味剂

---

① 减压漂浮仓（sensory deprivation tanks），使用者躺在可漂浮的盐水里，并被关在一个封闭仓中，从而达到放松解压的目的。国内一般翻译为漂浮仓，直译为感官剥离仓。——译者注

103 把你所有怪异的焦虑梦境都圈出来

掉牙

每个人都死了

医学实验和注射剂

考前没复习

忘记打包行李

被活埋

梦里出现某位傻傻的喜剧演员

丢失超级重要的东西

公共场合裸体

（此处长眠的是你，心已死，身尚在，抱歉把你埋了。）

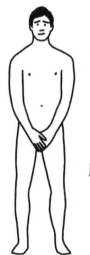

父母现在恨你

外星人跟踪你

从高楼坠落

脸融化了

动不了

发生末世天灾

找不着猫了

104 古怪焦虑宾果游戏 ①

17页的菜单	群发短信	"我就开车跟着你"	吊灯 / AHH	老人与电脑 / "这是什么？"
路上截住你要求捐赠的人	八爪鱼触角	悲伤 Mac ②	呕吐	触电
68:68	理发	空白	涉性镜头	"想来参加健身课吗？"
没煮熟的红薯	初次约会	压舌板	三明治上的牙签	脂肪粒
杂乱无章	找停车位	蛋黄酱 / HELL NO'S REAL	养老保险	一次性泡沫塑料

① 当选中的五个小图片上下、左右或者以斜线可以连在一起时，玩家就赢了。——译者注

② 悲伤 Mac（Sad Mac），老式苹果电脑开机失败的报错画面。——译者注

105 请记得以下几件事

如果你注意到谁有闪闪发光之处，请告诉他们，这条建议永远不会错。

请说实话，尤其（特别是）当你不想说的时候。

享受自己的成功——它们并不仅仅是你偶然靠幸运得来的。

当一段友谊在你的生命中不再有意义，哪怕你不知道确切原因，也可以放下。

人们对事情的反应几乎总是更多源于他们自己，而不是你做了什么。在你决定是否要被他们影响之前，请尽量记住这一点。

羞愧不仅是种糟糕的情绪，也会浪费时间。所以停止指责自己没有征服阿帕拉契亚山脉 / 没有录制完唱片 / 没有接受中情局的职位。搞明白你是真的想要做这些事，还是你觉得自己应该想要做。如果是前者，你就放手去做。如果是后者，那趁早放弃吧。

最后，焦虑不是什么令人尴尬的事。事实上，你应该为此买一本解压书。你还应该在坐火车的时候做这本书上的各种游戏和活动，这样在你身边偷瞄书的人的焦虑也会变少。

写出你的感受

练习答案

连线：那些你不该听的歌与其演唱者

答案

《当他降临人间》(约翰尼·卡什),《当世界消失的那一天》(九寸钉乐队),《地球尖叫着死去》(汤姆·威兹),《恶月正在升起》(克里登斯清水复兴合唱团),《光子黑洞》(声音花园乐队),《世界末日之时》(大卫·曼休斯乐队),《毁灭前夜》(巴里·麦圭尔),《木制的船》(CSN 乐队),《结局》(大门乐队),《谈谈第三次世界大战》(鲍勃·迪伦),《悲伤的歌》(尼克·凯夫和坏种子合唱团),《墓志铭》(克里姆森国王乐队),《罪人》(妮娜·西蒙),《直至世界末日》(布兰妮·斯皮尔斯)。

连线：恐惧症与对应的恐惧

答案

回文恐惧症，即害怕回文是假的，因为①回文并不可怕，并且②回文恐惧症的英文名称正好就是个回文！另外，虽然你经常能在"奇奇怪怪的恐惧症清单"里看到上腭沾到花生酱恐惧症，但它其实是在一个与花生酱有关的喜剧表演时被生造出来的词，也不知怎么就流传下来了。

1. N, 2. M, 3. P, 4. L, 5. C, 6. H, 7. D, 8. O, 9. F, 10. E, 11. I, 12. J, 13. K, 14. B, 15. G, 16. A

连线：对意义不明的梦境做出（所谓的）解读

答案

1. N, 2. R, 3. D, 4. K, 5. G, 6. W, 7. X, 8. Y, 9. V, 10. T, 11. Q, 12. S, 13. L, 14. I, 15. J, 16. F, 17. P, 18. Z, 19. AA, 20. O, 21. A, 22. B, 23. C, 24. M, 25. E, 26. H, 27. U

字母重组游戏：酒店房间里细菌最多的地方

答案

灯开关（Light switch），电话（Telephone），保洁员的清洁海绵（Housekeeper's sponge），咖啡壶（Coffee-pot），水杯（Drinking glasses），遥控器（Remote），床单（Bedspread）

可怕的牙医工具

答案

1. B，2. E，3. A，4. C，5. D

连线：让你想起来就做噩梦的电影场景和电影名

答案

披头散发的女孩从电视里爬出来：《午夜凶铃》；阴沟里的小丑：《小丑回魂》；盒子里装着格温妮丝·帕特洛的脑袋：《七宗罪》；喷射而出的青豆汤呕吐物：《驱魔人》；电梯里满是鲜血：《闪灵》；胸腔炸裂：《异形》；穿着坚信礼礼服的蒙面女子：《小岛惊魂》；塞尔达朝着镜头极速奔来：《宠物坟场》；麦克面对墙壁：《女巫布莱尔》；橱柜里的杰米·李·柯蒂斯：最恐怖的电影；猪血浴：《魔女嘉莉》；夜视镜跟踪：《沉默的羔羊》；吉娜·戴维斯生出虫子：《变蝇人》；凯蒂在走廊被拖曳：《灵动：鬼影实录》；接电话的德鲁·巴里摩尔：《惊声尖叫》；学习"捆住脚踝"是什么意思：《危情十日》

北京阅想时代文化发展有限责任公司为中国人民大学出版社有限公司下属的商业新知事业部，致力于经管类优秀出版物（外版书为主）的策划及出版，主要涉及经济管理、金融、投资理财、心理学、成功励志、生活等出版领域，下设"阅想·商业""阅想·财富""阅想·新知""阅想·心理""阅想·生活"以及"阅想·人文"等多条产品线，致力于为国内商业人士提供涵盖先进、前沿的管理理念和思想的专业类图书和趋势类图书，同时也为满足商业人士的内心诉求，打造一系列提倡心理和生活健康的心理学图书和生活管理类图书。

《喵得乐：向猫主子讨教生活哲理》

- 没有难过的日子，只有自在的主子……
- 一本带你"吸猫"，从猫咪身上获得力量，促进自身成长的书。

《梦的力量：梦境中的认知洞察与心理治愈力》

- 伴随我们一生的梦境在我们的情感和认知体系中扮演关键角色，帮助我们形成记忆、解决问题，保持心理健康。
- 梦境能够赋予我们探究私人问题和创意项目思路的洞察力。

《以画疗心：用艺术创作开启疗愈之旅》

- 艺术治疗领域权威专家的倾心之作。
- 用艺术创作的疗愈力量，进行内心的自我修复，寻找幸福的回归。

《战胜抑郁症：写给抑郁症人士及其家人的自救指南》

- 美国职业心理学委员会推荐。
- 一本帮助所有抑郁症人士及徘徊在抑郁症边缘的人士重拾幸福的自救手册。

《抑郁的真相：抑郁症的快乐自然疗法》

- 对抑郁症有着17年的研究和临床经验美国自然医学执业医师彼得·博吉诺博士为您讲述非药物的全自然疗法，让你凭借机体自愈本能，战胜抑郁症。
- 从生理角度探寻抑郁症的根源，倡导多元化、实用有效的抑郁症全自然疗法，呵护抑郁症患者的身体健康和情绪健康。
- 附赠简单、实用的抑郁症自愈导图。

《情绪自救：化解焦虑、抑郁、失眠的七天自我疗愈法》

- 心灵重塑疗法创始人李宏夫倾心之作。
- 让阳光照进情绪的隐秘角落，让内心重拾宁静，让生活回到正轨。

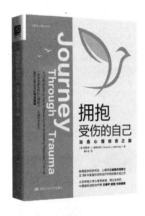

《拥抱受伤的自己：治愈心理创伤之旅》

- 一本助你重新拼起心理碎片，从创伤中走出，重获完整自我的专业指南。
- 哈佛医学院研究员、心理学家施梅尔泽博士近30年重复性创伤治疗经验的集大成之作。
- 北京师范大学心理学教授、博士生导师、中国首批创伤治疗师王建平教授作序推荐。

《与情绪和解：治愈心理创伤的 AEDP 疗法》

- 加速的体验性动力学心理治疗（AEDP）创始人戴安娜·弗霞博士、AEDP 认证治疗师和督导师叶欢博士作序推荐。
- 借助变化三角模型，倾听身体，发现核心情绪，释放被阻断的情绪，与你的真实自我相联结。
- 让你在受伤的地方变得更强大。